# 高校生たちの「自由の学園」

## 北海道深川西高校の自由・自治・民主主義・仲間

櫻田忠衛
SAKURADA Tadae

文理閣

# はじめに

二〇一四年九月に「北海道深川西高校『あゆみ会事件』―真実と平和な世界を求めて―」(森谷長能著、深川西高『自由の学園』を記録する会編、文理閣発行)が出版されて、一九五四年、深川西高で起こった「あゆみ会事件」について「事件」の要因、経過、結末、その及ぼした影響等を明らかにし、深川西高の民主教育の発生と発展が記述された。本書は、それを引き継ぎ、「あゆみ会事件」を経て、「その後花開いていく深川西高の『自由の学園』の姿を生徒であった立場からまとめ」(同書、あとがき)ることを意図したもので、同書の続編である。

深川西高の教育は、「戦後高校教育において、一つの高校が二〇年間をつうじて民主的な学校伝統の創造を一貫して追求してきたという例はきわめて少ない」(竹内常一「解説　戦後民主主義教育における深川西高の位置」、金倉義慧編著『学園自治の旗―北海道深川西高の記録―』明治図書出版、一九六八年)と評価され、「無処罰主義については、当時自由の学園として全国にその名をとどろかせていた深川西高にあった『秩序維持委員会』に学ぶため訪問させていただいた」（馬場達「北星余市高創設の教育理念」『ビバハウス便り』特別号外（北星余市高校教育実践シリーズ　NO．2）、二〇一五年）と他校から規範とされていた。私も大学に在職中に、長崎県の教育団体から講演の依頼を受けて話をした時、私が深川西高の出身であると紹介された。その後の交流会で参加されていた先生から、「深川西高の教育のことについては良く知っている」と言われて驚いた。それほどに深川西高の教育は全国に名を馳せていたのである。全国でも稀少な深川西高の民主教育と、生徒による自治活動によって創りあげられた「自由の学園」の内容とはどのようなものであったのか、また、そこで学んだ生徒たちはそれをどのように受け入れていたのか。そして、その民主教育、「自由の学園」が誰によってどのように崩壊させられたのか。その過程を戦後日本の教育史のなかに位置づけるとともに、深川西高の生徒と教師が民主教育と「自由の学園」の形成に試行錯誤し、もがきながら格闘した姿を記録して次代に伝えたいと考えた。

ここで描きたかったのは、私が在籍した一九六〇年代の深川西高の教育であるが、一九六〇年代とはどのような時代であったのか。

一九六〇年の「安保闘争」は、国民的な大運動として全国に広がり展開された。「新日米安全保障条約」は自民党単独で強行採決されたが、岸信介首相は退陣に追い込まれた。岸のあとを引き継いだ池田勇人首相は、安保闘争での全国的な運動の広がりに脅威を感じ、「政治の季節から経済の季節へ」と政策転換をはかり、国民所得倍増計画を掲げて日本の高度経済成長路線を走り出した。大企業を柱に急速な重化学工業化を達成して、一九六一年から一九七〇年の年平均実質経済成長率は一一・一%を記録し、日本はアメリカに次ぐ経済大国にのし上がった。人口が都市に集中する一方で、地方の人口は減少し、農漁民の人口構成は一九六〇年の三〇・六%から一九七〇年には一八・一%にまで激減する。

高度経済成長を実現するために、財界・大企業は有能で従順な労働力を確保しようと教育への介入を始める。一九六三年に経済審議会が「人的能力政策に関する答申」を発表し、高度経済成長政策にみあった労働力確保のためのハイタレント養成の選別教育制度を提案した。一九六五年には中央教育審議会（中教審）が「愛国心」と「天皇を敬愛」することを内容とした「期待される人間像」中間草案を発表し、続けて一九六六年「後期中等教育の拡充整備について」を答申した。これは「進路・適性・能力に応じて」を口実にして生徒に差別・選別を押しつける高校教育制度の改変であった。北海道高等学校教職員組合はこの時代を「六〇年代は、道民にとって、まさに徹底して民主教育が破壊された一〇年であり、道高教組にとっては民主教育防衛のための激烈なたたかいの一〇年間であった」（『北海道高教組の二十五年』一九七三年）と表現した。

こうした教育の反動期とも言える時代に、深川西高は伝統としての民主教育と「自由の学園」を堅持し、更にそれを発展、深化させようと、生徒と教師が悪戦苦闘していた。本書はその時代の一〇年に満たない期間の記録である。

深川西高の民主教育の内容と実践については、当時深川西高に在籍した教師等によって様々な形で語られ、論じられてきた。それらを集約したものとして、金倉義慧編著『学園自治の旗―北海道深川西高の記録―』（明治図書出版、一九六八年）がある。ここには「あゆみ会事件」から始まって、それを原点として教師、生徒、地域が一体となって生徒の自治を確立して民主教育を形成し、「自由の学園」を築きあげた過程が教師の立場から詳細に記録され、深川西高の民主教育の内容が見事に描かれている。深川西高の教育については、ここに書き尽くされているが、それでもなお、私がここに書き残そうとしたのは、深川西高に学んだ生徒の立場から、深川西高の民主教育と「自由の学園」をふり返り、その教育が今の時代にどのように生かすことができるかを考えてみたいとの思いからである。

確かに、私が高校生であった半世紀以上も前と現在とでは状況が大きく変わり、教育内容も高校生の気質、生活内容も全く違っている。そして、教育には新たな困難が生じており、高校教育においてもそれは複雑化し、混迷の度を深めている。国際競争に打ち勝つ人材を育成することが教育の目標とされて、公立小・中学校の学校選択制や習熟度別教育、中高一貫教育などが導入され、学校間、生徒間の競争はより厳しくなっている。競争から振り落とされた者は自己責任を負わされて敗者のレッテルを貼られ、貧困を押し付けられる。また、新たな国家主義、権威主義を振りかざして、日の丸・君が代の強制、道徳教育の強化や愛国心の強要、ブラック校則などにみられる人権無視の画一的なルールを押し付けて生徒たちを押さえ込み、それに従わない者は容赦なく排除する。

こうした状況の中で、子どもたちは教育を生きるための力とすることができず、逆に教育によって選別され、差別されて貧困に陥れられている。現在のこうした状況は、一朝一夕にして作り上げられたものではない。日本の支配層は、戦後の「逆コース」の時代から一貫して子どもたちに競争と管理を押し付けてきた。

深川西高生は五〇年以上も前に、競争と管理を排して「一人はみんなのために、みんなは一人のために」を合言葉にして協力しあい、生徒一人ひとりが自ら考え、討議を尽くしてそれぞれが意見を表明しあい、生徒のことは生徒自らが決める生徒の自治を作り上げてきた。この経験は現代においても生かすことができるのではないか。その思いでこの書を刊行することにした。

本書では、深川西高の民主教育と生徒の自治による「自由の学園」の内容を、生徒の経験や意見、思いが記録された『学級日誌』や『サークル日誌』などを参照にしながら、生徒の目線で生徒の側から描くことを目指した。

そして、私たちが在学中に、深川西高の民主教育と「自由の学園」を崩壊させようとする攻撃が開始されるのだが、その内容、過程についても、その場に居合わせた生徒の眼で明らかにした。この攻撃の中心人物であった、当時の校長の三浦喜多治氏が、一九八二年に深川西高の民主教育と「自由の学園」をどのように潰そうとしたのかを告白した『ふだん着の校長』を刊行した。この内容に驚愕し、怒りを覚えたが、攻撃する側のやり方、考え方が克明に反映されていて、この本を通して彼らの理不尽さが浮かび上がってきた。この本についても本書ではとりあげて、深川西高の民主教育と「自由の学園」への攻撃の実態を明らかにした。

また、本書では深川西高の歴史についても体系的に書きとめることを心掛けた。深川西高は一九三八年北海道北空知中学校として創立して、八五年になる。私は、深川西高の民主教育と「自由の学園」が深川を中心とする北空知の地域にあって、どのように発展してきたのか、その土壌がなんであったのかを知りたいと考えてきた。その視点から、深川西高の歴史を体系づけ、整理することを試みた。但し、私の試みは八五年の全期間にわたるのではなく、創立時から私が卒業するまでの三〇年間に限られた。深川西高が戦時中に設立されて、苦難の時期を経験し、戦後の「逆コース」のなかで引き起こされた「あゆみ会事件」を経て、教師と生徒は、民主教育と「自由の学園」をめざして奮闘し、その名を全国に知らしめたが、私が在学中にそれが攻撃され、崩壊させられようとした。創立以来、一〇年毎に『記念誌』が刊行されて、その一〇年間の出来事が記録されてきたので、本来、この時期のことは『三〇年記念誌』（一九六八年）に記録されなければならなかったが、ここでは一切触れられることはなかった。私は、本書で深川西高の民主教育と「自由の学園」が全面的に開花した時期と、それを攻撃し、崩壊させようとした事実のあったことを、深川西高の歴史として記録しておかなければならないと考えた。

深川西高は「自由の学園」と呼ばれ、民主教育と生徒の自治が前提とされていたが、これはあくまでも一つの枠組みであって、大切なことはこの枠組みのなかで生徒一人ひとりの多様な個性や能力が如何に発揮され、どのように展開されたかである。『学級日誌』や『サークル日誌』には、生徒の思いや悩み、葛藤が具体的に記されたが、自治とか民主主義、自由という言葉は多くは語られていない。生徒はいつもそれらを意識して学校生活を送っていたわけではなかった。他の高校生と同じ悩みや不安を抱えた普通の高校生であった。

本書は半世紀以上も前の北海道の一地方の農村の高校生たちの格闘の記録である。

目次

# Ⅰ

# 深川西高の前身

## ——戦中期の旧制深川中学校——

## 1　北海道深川市の概要

深川西高が存在する北海道深川市は、北海道のほぼ中央、石狩平野の最北部に位置し、面積は五二九・四二平方キロメートル、人口一八、九三一人、世帯数一〇、四〇六（二〇二三年三月末）の農業を基幹産業とした町である。

ＪＲ函館本線が市域のほぼ中央を東西に横断し、深川駅を起点としてＪＲ留萌線が、一九九五年に廃線になったが朱鞠内までを結ぶＪＲ深名線が走る交通の要所であった。空知支庁（現在は空知総合振興局に改組）は北・中・南に区分されるが、深川市は北空知の行政・経済・文化の中核都市になっている。

市名は、東京の深川と地名が同じで関係があるかと思われるが、それはない。アイヌ語のメム（清い水が流れているところ）の意訳とも、アイヌ語の川名オーホナイ（水の深い川）の意訳とも言われている（『角川地名大辞典　1北海道下巻　総説・地誌編・資料編』角川書店、一九八七年）。

## 2　北空知中学校の創設

深川西高は、一九三八（昭和一三）年、地元の篤志家宇佐見常治郎の遺志と北空知地域一一カ町村（深川町、納内村、一已村、多度志村、幌加内村、秩父別村、妹背牛村、音江村、雨竜村、北竜村、沼田村）の期待のもとに旧制北空知中学校として創設された。

一九二九年世界大恐慌の影響を受けて日本は不況に陥り、あわせて凶作、不漁も続いて地方財政は悪化していた。北海道の財政は他府県にも増して厳しい状況が続き、中学校新設は校地の取得、校舎の建築等を地元が負担する市・町・村立で行うことを奨励し、北海道立の中学校新設には消極的であった。

こうした状況を反映して北空知には深川高等女学校はあったが、男子が進学する中学校は存在しなかった。北空知の進学希望者は汽車を利用して遠距離の旭川や滝川、岩見沢、留萌の中学校に通わざるを得なかった、当時の北空知は深川を含め一一カ町村で人口七万人を擁し、小学校は五二校、六年生以上の児童は三千人に達して、中学校の設立は北空知地域の喫緊の課題であった。このような中で、宇佐美常治郎が中学校建設資金を寄付する意志を示し、北空知一一カ町村の人々も寄付活動に積極的に参加することとなり、中学校設立の動きはにわかに活発化した。

　宇佐美常治郎は深川の地で製材所と土木建設業を営み、常々これらの成功は北空知一一カ町村の人々の恩恵によるものと考えて、その利益を地域に還元しようと決めていた。彼はこの地域に教育施設と医療施設を完備したいと考え、教育施設として一九二九年に深川高等女学校の建設費二万五千円を寄付した。医療施設としては一九三四年に現在の深川市立病院の基礎となった深川町ほか一〇カ村の組合病院建設に十数万円を寄付した。そして、北空知住民の要望が大きかった中学校の創設を進めようとしたが、その矢先の一九三七年、病気のため逝去してしまう。しかし、常治郎の遺志を継いで遺族から一〇万円が中学校建設費として寄付された。この建設基金をもとに深川町と北空知一〇カ村は一致して中学校建設に努めることにして、一九三八年二月七日深川町長名で文部大臣木戸幸一宛てに「中学校設置認可申請書」と「理由書」を提出し、同年三月一〇日、文部省告示第六四号により「北海道北空知中学校設置及開校」の認可が下りた。その後、北空知中学校開校の準備は急ピッチで進められ、同年四月一六日に仮校舎として深川小学校の二教室と応接室を借りて開校式、入学式を行った。

　この経緯については、初代校長の古野俊清が『創立二〇周年記念誌』（創立二〇周年記念事業協賛会、深川西高等学校生徒会編、一九五八年九月。以下、『二〇周年記念誌』と略す）と『創立三〇周年記念誌』（創立三〇周年記念事業協賛会、深川西高等学校編、一九六八年七月。以下、『三〇周年記念誌』と略す）にそれぞれ「二十周年に寄せて」と「回想」を寄稿し、詳しく記述している。当時、古野は旭川師範学校（現北海道教育大学旭川校）に勤務していたが、一九三八年三月二五日に北空知中学校事務取扱の辞令を受けて、旭川師範学校の応接室を借り、「深川中学校開校事務室」の札を出して開校の準備にかかった。師範学校の教師の援助を得て、入学試験問題の選定、生徒募集要領の作成、教科書の選定などの諸準備を経て、四月二日深川に単身赴任し、深川町役場に机をひとつ確保して執務を開始する。

一年目の志願者は二八一名、合格者一一二名＊（「沿革史抄」『二〇周年記念誌』）で合格者率は受験者数の三九・九％でかなりの狭き門であった。

しかし、生徒は集まったが「教員がないのには困った。丁度赤ん坊が生まれたが産婆さんがおらないという体になっている」（古野俊清「回想」前掲書）状態で、古野は教員の確保に奔走する。最初に「事務職員を採用することとし檜山支庁員の入江さんに交渉したらすぐ来任してくれた。そして旭川師範から橋口先生に来て貰い、これで校長教諭書記の三名ができて最も小さな学校ができた。その内に保坂《ママ》さん、笠岡さん、岡部さんに来て貰って学校の形態がようやく整うことになった」（「二十周年に寄せて」前掲書）。

仮校舎は深川小学校の二教室を借りて、一学年二学級編成、教員三名で開校した。四月一〇、一一日に入学考査、一三日には合格者発表を行い、一六日開校式と入学式、一九日から授業を開始している。二月に中学校の設置申請をしてそれが文部省に認可されるまでがひと月、古野が北空知中学校の事務取扱に任じられてから二〇日ほどの短期間で開校式と入学式まで漕ぎつけたのは驚異としか言いようがない。北空知地域での中学校の必要性はそれほどに逼迫していたのであった。古野は四月一日付で北空知中学校校長に任じられるが、深川町と周辺一〇カ村の住民の期待に正面から応えようとした彼の熱意には敬服せざるを得ない。

本校舎は五月二二日に地鎮祭を挙行し、九月七日に落成した。一〇月八日から新校舎への移転を開始し、一六日に本校舎落成式が挙行された。本校舎落成までの苦労を、古野は「校地はその全部が水田跡であり、畦あり用水溝あり。しかも高低ありで、樹木は東側に一本の杏の存在するだけであった。又冬から春にかけての西北の強風には随分悩まされた。まづグランドを造ろうという事になり融雪を待って作業にとりかかったが、幼少な一年生の労力では何ともならなかった。そこで〔昭和〕**一三年七月二二日から一週間の予定で父兄の協力の下に、天幕生活をして作業を行ったが夜間豪雨に見舞われる一コマもあったが、漸くその形を整えるようになった」（「二十周年に寄せて」同上書）と振り返り、一期生も「父兄の人も一緒になって働いたね」（同上書）と述べている。創立当時の教師、生徒、父母の苦労と熱意が伝わってくる。

『三〇周年記念誌』に掲載された「旧職員名簿」によると開校式の一九三八年四月一六日に在職していた教諭は橋口重晴、保阪孝で、二人とも就任月日は一九三八年三月三一日付である。

岡部胤共《つぐとも》は一九三八年四月二七日付、笠岡正次は一九三九年三月三一日付で就任している。

＊創立五周年を記念して刊行された『報國團誌創刊號』（北海道庁立深川中学校、昭和一八年四月）には「受験者数二百九十三名で予想外の多数に上り、十三日百十二名の合格者を発表した」（二四ページ）とあり、受験者数は一二名多い記述になっている。

＊＊引用文への筆者の補記は〔　〕で示した。

## 3　戦時中の深川中学校

### (1) 北空知中学校から深川中学校へ

一九四一年四月一日、北空知中学校は北海道庁立深川中学校となる。北空知中学校として設立されたのは日中戦争が開始された翌年の一九三八年で、日本は一九三一年の満州事変以降既に中国侵略を開始しており、戦争は長期化、泥沼化して国民生活は戦時色が深まっていた。深川中学生もその影響を受けて、生徒が特幹（陸軍特別幹部候補生）や予科練（海軍飛行予科練習生）に志望して学校を飛び立ち、残された者たちも農業や漁業への勤労動員に駆り出されて、勉学どころではなくなっていた。

初代校長の古野は一九四三年、第一期生を送り出して深川中学校を去る。二代目の校長として松本英三が札幌高等女学校から着任した。松本の在任期間は一九四三年五月から一九四七年三月までの戦争末期と終戦、終戦後の混乱期であった。松本が『一二〇周年記念誌』に寄せた「深川中学在任中の思い出」から深川中学校の戦争末期の状況を見ることにする。松本はこの文章を「〈深川中学校〉在任時代の昭和十八年から昭和二十二年までの日誌をみながら」作成しており、当時の出来事について日時を明確に記録していてわかりやすい。

松本は一九四三年五月七日に着任して、職員への挨拶や生徒への新任の辞を述べ、翌八日の大詔奉戴日*に生徒たちに次のように訓話した。

「大東亜戦争の現段階は、味方の先鋒が敵の先鋒、次鋒、中堅を破り、まさに副将に迫ったとき、敵もさるもの遂に持久戦に入ったというべき、状勢である。我方は一層気力を養い、最後の一撃を以てこの副将を破り、進んで大将を倒す覚悟を持たなければならない。それには我々銃後国民は益々戦力増強、国力増進のため挺身しなければならない。翻って本校生徒の現状を見ると、将来健兵となる素質を十分に持っていると思う。よって大いに心身を鍛えて、国家の要望に応える決意を固めなければならない。」

(『一二〇周年記念誌』)

このように訓話しなければならなかった松本は同じ文章の中で、「こう書いてくると、だんだんあの頃の軍国調、官僚主義が思い出されてくる」と自嘲ぎみに述べている。一九四三年の段階では日本の戦況はこんなに楽観的なものではなく、それについては松本も少しは気づいていたのであろうが、あえてそれを押し殺して生徒たちにこうした訓話をせざるを得なかったことが自嘲の気持ちにつながったのだろう。松本は『三〇周年記念誌』に「深川中学校の思い出―その頃の日誌から―」を寄稿して、同じように訓話の内容を記した後に「このような訓話を行ったことを、いま思い返すと背に冷汗を覚える」と悔いている。

＊戦時中は毎月八日を大詔奉戴日と称して、校長が宣戦の詔書を奉読して、訓話を行った。

## (2) 深川中学校職員の召集

戦争の長期化と泥沼化は国民の軍隊への召集を強化し、それは深川中学校の職員にまで及んだ。松本は職員の召集についても言及している。

「昭和十九年六月八日(木)雨
吉田、竹内、藤森三先生に召集令状くる。

これより数日前に村岡、荒木両先生に同じく令状あり、降って十日に円道先生に公用の電報入る。後、吉田先生のみ即日帰郷となる。この頃は、三十名足らずの職員の中、応召する者十数名となり、職員組織を整えるための校長の苦心その絶頂に達する。」

（同上書）

職員の応召によって職員が不足し、学校の機能が果たせなくなっている状況が語られているが、職員の召集は北空知中学校が設立した時からすでに始まっており、北空知中学校の職員の召集で最も早いのは岡部胤共*へのものであった。旧制中学校一期生のMが「〔北空知中学校が設立された昭和一三年〕四月の終りは広島高等師範を出たばかりの岡部先生が着任されて〔中略〕九月になったら私達のもっとも慕っていた岡部先生が赤紙で応召という事態になった」（『六〇周年記念誌』）と書いている。

また、一九四一年二月には国語を担当していた芹沢茂雄が退職し、「応召・戦死　ルソン島」と記録されている（『三〇周年記念誌』）。彼は一九四〇年三月三一日に北空知中学校に就任し、一九四一年二月に退職、ルソン島で戦死している。日本軍は一九四一年一二月にフィリピンを占領するが、一九四四年一〇月にはアメリカ軍の激しい攻撃にあい、多くの戦死者をだす。芹沢はこの戦闘で死んだ。芹沢の死について、当時、旧制中学校の教師で芹沢と交流のあった竹内晃が、北海道立深川高等学校同窓会・校友会『會報』（創立十周年記念號、一九四八年七月）に「突如として畏兄、芹沢先生の戦死の報を先生の厳父より受け暫し黙然として、ルソンの広野に散った彼の面影を偲び、落涙を禁じえなかった。（中略）。昭和二〇年の一月彼は彼の魂と共に永遠にこの地上を去ったのであった」と書いた。

芹沢について、旧制中学校一回生であった赤川海大は『二〇周年記念誌』に寄稿して次のように回想している。

「映画も又悩の種で、映画館の入場は引率以外は絶対禁止。もし違反すれば、いちはやく父兄の出頭、停学等が待ち受けています。劇場の中で追う者、追われる者。こんなことは暫々でした。そんな中でちょっとした珍事が現れました。国語の教師で平常は目を光らせて恐ろしい感じの人でしたが、「活動を見に行きたい者は一人でコソコソ行くな！俺と一緒に来い」といったものです。全く青天の霹靂でした。今思えば細やかなるレジスタンスであったのかも知れません。然しその先生も間もなく応召し、戦死してしまいました。」

（「二十年の歴史を顧みて」）

赤川はこの教師の名前を「芹沢」とは明記していないが、『三〇周年記念誌』に掲載された

「旧職員名簿」によって特定できる。赤川は後に芹沢の行為が「レジスタンスであったのかも知れない」と考えて、芹沢には当時の戦争に対する抵抗があり、そのことがルソン島という過酷な最前線に送られて戦死する要因ではなかったかとの思いを記したのではないだろうか。赤川の回想は淡々としているが、その行間からは、戦争が生活の隅々まで支配してくる状況への小さな抵抗が深川中学校の教師と生徒たちに存在していたことをくみ取ることもできる。

＊岡部胤共は、一九三八年三月、広島高等師範学校（現広島大学）を卒業後、北空知中学校長古野俊清に請われて北空知中学校に着任した。その後一九六五年四月、上磯高等学校長として転出するまでの二七年間、深川西高の教頭として在職し、深川西高の民主教育、「自由の学園」創設に貢献した。

## (3) 勤労動員

政府は日中戦争、太平洋戦争が泥沼化して戦況が悪くなるなかで国内の労働力不足を補うために、学生や生徒を強制的に農村や工場に動員した。一九三八年の「国家総動員法」は戦争を遂行するために経済や国民生活全体を動員する目的で公布されたが、これを基にして学生や生徒を強制的に農村や工場に動員する通達が文部省から次々と発せられた。

深川での勤労動員について『新深川市史』（深川市役所、一九九四年）は次のように記述している。

「深川で学徒勤労動員の対象になったのは、庁立深川中学校と庁立深川高等女学校です。しかし、誰がどこへ、何日からどの位の期間動員されていたのかという記録は全く残っていません。深川中学校では殉職者をだしています。そして校葬しようにも体育館が軍に接収されていたため、学校では行えなかったのです。深川高等女学校の二〇人は、千歳の「第四十一海軍航空廠」へ動員され、さらに、その一部は短期間であっても本州へ行っています。道外にまで出向いた極めて珍しい例です。」

勤労動員の実態は、当時の教師や生徒たちが後に『二〇周年記念誌』『六〇周年記念誌』に思い出、回想として語り、記録している。生徒の勤労動員は、この時期にはそれまでの勤労教育を目的とした近辺の農家への援農から食糧増産を目的とした動員になり、遠方への長期の出動となった。二代校長の松本英三はこの勤労動員について次のように回想している。

「昭和十九年五月五日（金）四、五年生一二三名鰊作業のため鬼鹿村*へ出動する。これが援農以外の勤労動員の皮切りである。〔中略〕ちょうど戦争たけなわの頃で、生徒たちが留萌のニシン漁場へ動員されたことがある。三月中旬から四月にかけてが漁期で、建網を張ってニシンの大群を漁師が獲って来たのを、中学生たちが包丁で裂いてカズノコやシラコを出し、裂いた魚を干していわゆる身欠鰊に仕上げる。これをやっていると全身油だらけになってしまう。何とかして作業着や手袋が欲しいが、物資の乏しいときだから簡単に手に入らない。といって学生服で油だらけになって働いているのをみると、何とかしてやらなければならない。

これには随分苦労したものだ。何しろ駅を降りた途端に腐ったような魚の臭がするのだから、中学生にとっては大変な勤労動員だった。夜は漁師の家に分宿する。オカズは毎日ニシンを食べると油っこくて飽きてしまう。そこでホッケというニシンに似てそれよりも油気の少ない魚をよく食べたものだ。」

（『二〇周年記念誌』）

松本校長は勤労動員について鬼鹿村のニシン場のことにしか触れていないが、生徒たちは他にもさまざまな勤労動員に駆り出された。最初は一週間から一〇日間ほどの通いで、近辺の農家への勤労奉仕であったが、やがてそれが勤労動員に変わり、泊り込みになって場所も遠方になり、作業内容もきついものになった。沼田の砂白金堀場や留萌のニシン漁場、丸瀬布の林道建設、森林鉄道の敷設工事にも従事させられた。戦況が日ごとに悪くなるなか、食事も満足にとれず、腹を空かせながら勤労動員に駆り出されて重労働に従事させられた中学生の姿は深川中学校においても例外ではなかった。

＊鬼鹿村　現在の留萌郡小平町鬼鹿地区

## （4）戦時中の教科内容と軍事教練

戦時中の中学生の学校生活は勤労動員が課せられただけでなく教科内容も大きく変えられた。その内容について当時在学していた卒業生は、『二〇周年記念誌』の「座談会」の中で「戦争が烈しくなってきた時の教科は物すごく変わってきてる。修身、公民、国語、漢文、作文、数Ⅰ、数Ⅱ、数Ⅲという科目はあったけど、そのうち数Ⅰだけしかやっていない」、同時に「英語は三年の時から敵国の語学はやらんでもいいってことになった」と語っている。戦争末期には生徒のほとんどが勤労動員に駆り出されて勉学は放棄させられ、英語も撤廃された。

また、戦時中に中学校で行われた軍事教練についても、その実際について同じ「座談会」で語られている。「銃剣術では藁人形突いた」り、グラウンドに「射撃場」を作り、「ざん壕」を掘ったりした。「終戦の年、二十年になると遊撃戦法っていう新しいもの」で「地雷もって戦車にとび込む」ことをやらされた。これらは「一人一戦車、一人一飛行機っていうことで特攻精神を養」うためであったと語っている。

戦時中の中学校では英語が敵国語になるからという理由で教えられなかったり、軍人を配しての「軍事教練」が行われたりしていたことは、私も歴史の時間に学び、小説や映画でも読んだり見たりして少しは知っていたが、実際にそれを体験した深川西高の先輩たちがリアルに語っているのを読むと遠い昔の人ごととは思えない。藁人形を銃剣で突いたり、地雷をもって戦車にとび込む訓練をさせられたりしたことを笑いながら淡々と話しているが、これらはすべて「特攻精神」を養うためであって、生徒を戦場で死なせるための訓練であったこと、陸士、海兵、予科練、陸軍特別幹部候補生など軍隊への志願は、生徒の自主的なものではなく、「強制的に志願させられた」ことも率直に語られている。

## (5) 配属将校の学校支配と生徒・教師の時代への抵抗

戦時中、学内には軍事教練を指揮する将校が配属された。N（旧制中三回一九四五年三月卒）が『六〇周年記念誌』に、配属将校の様子を書いている。

「職員室にスリッパで出入りする教師を尻目に、軍事教練を終えた配属将校（旭川第七師団から派遣された現役の将校。中尉と大尉であった）のみが指揮刀を腰に拍車（靴のかかとにつけ、馬の腹をけって刺激する金具）をカチャカチャと鳴らしながら泥の革長靴で出入りするさまに目をむいた。教師はもとより校長までも配属将校には一目置いている時代であった。」

（「配属将校の威厳」同上書）

当時の配属将校の支配に理不尽ではあったが学校全体が従わざるを得なかった。しかし、こうした重苦しい雰囲気の中でも生徒や教師は時代に対して「ささやかな抵抗」を試みていた。Nは同じ回想の文章で「赤子事件」について触れている。

「学究肌で穏《おとな》しい地理のT先生が突然発奮、発言者の生徒に詰め寄った瞬間スクッと立ち上がったS、「先生！天皇陛下の赤子を殴る気ですか…」に大爆笑。T先生ムニャムニャと響《む》きながら力無く壇上に引き返す。以来、Sの仇名が「赤子」となった。」

（「ささやかな抵抗」同上書）

この回想文から、戦時下の重苦しい時代にあっても生徒と教師はユーモアを以って接しあい、信頼関係を築いていたことが読みとれる。

そして、教師の抵抗であるがこれは反戦、反骨の精神として現れる。中島武敏（旧制中四回一九四五年卒）が在学中に接した反戦、反骨の二人の教師を回想している。

「反戦、反骨の精神をもった先生、お二人の思い出を記しておきたいと思う。一人は藤岡喜久男先生である。藤岡先生は、毎日の朝礼のとき、「宮城遥拝」と号令がかかると生徒も先生もいっせいに最敬礼するのに、毎回、必ず天を仰いで「あーあー」と全校生徒五、六百人に分かるような大きな欠伸をされた。

教室でも「友達が出征するというので、ゆうべ一晩、飲み明かしたが、決して天皇のために死ぬなどという馬（鹿なこと）はいわなかった」と話された。流石に、括弧内の（鹿なこと）は言葉にされなかったが。これらのことが非常に印象的で、いまだに鮮明に覚えている。

当時は日本国民三百万人、アジアの諸国民一千万人の尊い命を奪った、あの戦争に反対した日本共産党をはじめ反戦主義者、戦争非協力者にたいして仮借ない弾圧が加えられた時代である。先生の勇気に胸打たれる思いがする。

もう一人は鶴岡静夫先生である。国史の先生である。〔中略〕「氏」（ウジ）、「連」（ムラジ）、「姓」（カバネ）といった文字が黒板に書かれたことを、なぜか覚えている。いまから思えば氏姓制度のことを話されたのであろう。天皇史観の教科書からはまったく離れて、教科書に書いていないことを教えておられた。

私は、鶴岡先生が東京深中会に出席されたとき、先生はあの戦争中、天皇史観でなく唯物史観で日本史を教えておられたように思うが、凄い勇気と思う。校長先生から注意されなかったかとお聞きしたことがある。先生は言下に「しょっちゅう呼び出されたよ。私の責任にされるからやめてほしい、といわれたが、やめなかった」といわれた。藤岡先生にも〔中略〕在北海道同期会に出席した席上、校長先生から呼び出されなかったかとお訊ねしたことがある。答えは鶴岡先生とまったく同じであった。

私はお二人の先生の勇気在る行動に感動するとともに、生徒も、先生も、父母も、誰一人として警察（特高）に告げ口しなかった旧制深川中学の素晴らしさを誇りに思う。」

（「忘れられない反戦、反骨の藤岡先生と鶴岡先生のこと」同上書）

ここに紹介された戦時中における二人の教師の行為は、下手をすると特高に連行されて責めを受けるような危険があった。校長が「やめてほしい」と言ったのは当然のことで、校長にも責任が及ぶことは避けられなかったであろう。そうした危険を冒しながら時代への抵抗を試みた二人の教師の勇気には驚嘆せざるを得ない。また、Nが指摘したように、旧制深川中学校の教師、生徒、父母がこの抵抗を黙認していたことも驚くべきことだ。深川西高の自由と学園自治はこうした旧制深川中学校の反戦と反骨の精神を受け継いだ結果としてあるのだろう。

## (6) 中学生の戦死と殉職

私たちが深川西高校の歴史を記録する時忘れてならないのは、この戦争で深川中学生にも犠牲者が出ていたことである。旧制中学校三回生の大西幸雄と浦山静男の二人の戦死が『二〇周年記念誌』に記録されている。

「昭和二十年度　四・一一　大西幸雄（第三回生）戦死の報」
「昭和二十年度　六・一三　予科練習生浦山静男君戦死」
（「沿革史抄（2）昭和十九年度より昭和二十四年度まで」『二〇周年記念誌』）

二人は一九四〇年に入学し、一九四五年三月二九日に卒業している。大西幸雄の場合は卒業式の二週間後で、どのような経緯で戦死したかはわからないが卒業式からの時間があまりにも短かい。浦山静男は卒業式の三カ月後であるが予科練習生となっている。まだ一八歳になっていない少年が、中学校を卒業してすぐに戦死している。国家の都合だけで若い命を無残にも奪い去る戦争の残酷さ、非情さに憤りを覚えた。これからの人生に夢と希望を抱いて深川中学校に入学し、卒業を果たしたのにアッと言う間に戦争によって命を奪われてしまったことは、本人たちにとってどれほどの無念さであったか。残された遺族の方がたの悲嘆は想像に絶する。

卒業生だけではない。在学中の勤労動員でも犠牲者を出している。『一二〇周年記念誌』には次のような記録がある。

「昭和二十年度　五・四　実務科生、小越広昭君殉職」
「昭和二十年度　五・一〇　小越広昭君校葬」

（同上書）

これだけでは何のことか良くわからないのだが、小越と一緒に滝川人造石油液化工場に勤労動員された旧制中学三回生のNは小越の殉職について『六〇周年記念誌』の「卒業生の回想」に次のように書いている。

「⑤二十年春、滝川人造石油液化工場（略称人石）合宿
　三月二十九日、雪の中庭で卒業式を終え、上級校進学者のみ直ちに滝川へ（全国各都市空襲被災の為入学延期）『いとく殿』と称する武道館に泊まり、頬かぶりして貨車に石炭を積み下ろしして粉塵で目だけ光るのみ。四回生の小越君、高さ十メートル余のクレーンの管理室から首を出した瞬間、鉄柱に挟まれて首切断の殉職。明日は我が身かの悲壮感漂う。

工場長はドイツ派遣の技術者、月給当時の金で八百円の超高給に驚いたが、石炭からの石油精製は失敗に終わった。」

（N（旧制中学三回一九四五年三月卒）「序章　渓谷の流路」『六〇周年記念誌』）

日中戦争の泥沼化で世界中から非難を浴びた日本は、全面禁輸の制裁を受けて、石油の確保が死活問題になっていた。自力で石油を確保するために、一九三九年、石炭を原料にして液体燃料の製造を目指す北海道人造石油株式会社滝川工場（滝川人石）を設立した。この工場への勤労動員の記録が『二〇周年記念誌』に掲載された「沿革史抄」に見える。

「昭和十九年度　二・二四　三月一七日迄、冬期動員作業、冬山附近町村と滝川人石工場」
「昭和二十年度　四・二　附設課程（第四回卒業生）人石動員」

（「沿革史抄（2）昭和十九年度より昭和二十四年度まで」同上書）

小越広昭は旧制中学校四回生であるが、この回生は一九四三年の中等学校令改正によって、五年の在学期間を四年に短縮されて一九四五年三月に、一九四〇年入学の五回生と同時に卒業させられた。しかし、動員先ではそのまま継続して仕事に就かせる附設課程実務科が設けられ、小越は卒業後、自動的に実務科に進学させられて滝川人石の勤労動員が継続された。若い命が、国の勝手な施策によって奪われ、犠牲となった。小越の死は当時の深川中学校生徒の戦争の犠牲者として忘れられてはならない。

また、先述の『新深川市史』でみたように、小越の校葬は行われたが、中学校の体育館は軍に接収されていたために学校では出来なかった。ここにも戦争時における市民生活を犠牲にした軍隊の横暴さを見ることができる。

旧制中学校一回生の赤川海大は、『三〇周年記念誌』に寄稿して、「敗戦を目前にして戦死した学友も四人。「運が悪かったのだ」などと簡単に諦め切れない淋しさを消すことは出来ません」（「二十年の歴史を顧みて」同上書）と書いて、旧制中学校一回生では四人が戦死していることを明らかにして、若い友人の死を偲んでいる。

アジア・太平洋戦争での深川・一已・納内・音江・多度志の戦没者は七九二名に上っている（『新深川市史』深川市役所）。

広島、長崎に原子爆弾が落とされ、日本は一九四五年八月一四日ポツダム宣言を受諾し、一五日天皇の玉音放送でアジア・太平洋戦争はようやく終結する。

# Ⅱ　旧制深川中学校から新制深川高等学校へ

## 1　終戦時の深川中学校の混乱

戦争は終結したが、終戦後の日本は大混乱に追い込まれ、国民生活は窮乏の極にあった。教育現場も大きく混乱していたが、この時期に深川中学校から予科練、特幹（陸軍特別幹部候補生）に駆り出されていた生徒たちが復学してきた。彼らは軍隊精神を叩き込まれていたうえに、敗戦によって目標を失い荒んだ精神状態にあった。学校に戻っても、教員も教材も不足し、ほとんどの授業が自習で学習環境は十分でなく学習の意欲は失墜させられた。政府はそうした状況に何の措置も講じることなく復学させ、卒業資格を与えることだけを要請したことも影響して、学校は無秩序の状況におかれて荒廃した。復員生徒による下級生への暴力や喫煙は日常化したが、教師も無気力でそれらを放置した。

戦争が終わって、復員してきた生徒たちの荒んだ精神状態、それに対応しきれない学校の体制、政府の無責任な対応、在学していた生徒たちとの間での摩擦が学校を支配した。これは深川中学校だけのことではなく、全国の中学校が混乱した状態におかれた。戦争でいつも犠牲を強いられるのは、国民の一人ひとりである。

## 2　戦後の学制改革と深川中学校から深川高等学校への昇格

一九四七（昭和二二）年三月三一日に教育基本法、四月七日に労働基準法、一七日に地方自治法が公布され、五月三日には日本国憲法が施行された。戦後の民主化政策の下で学制改革が行われて六・三・三・四制に移行し、深川中学校は高等学校に昇格するために、深川高等女学校との合同で高等学校期成会を組織して道庁をはじめ各関係機関への働きかけを行った。紆余曲折はあったが、一九四八年、深川中学校は北海道立深川高等学校、深川高等女学校は深川女子高等学校に昇格することになった。

敗戦後、連合国軍総司令部（ＧＨＱ）が設置され、戦争責任の追及とともに日本の戦後改革が行われた。ＧＨＱは一九四五年一〇月、「五大改革指令」を出して婦人解放、労働組合の結成、学校教育の民主化、秘密警察等の廃止、経済の民主化を迫った。学制改革はこの「五大改革」の学校教育の民主化の一環として行われたもので、戦前の複線型教育の学制から平等化を目的とした単線型教育の学制へと改められ、現在の六・三・三・四の学制になった。

新しい学制の導入は、旧制深川中学校を廃止して深川高等学校を発足させることになるが、これは自動的に旧制の深川中学校が深川高等学校に昇格することではなかった。

ＧＨＱによって教育改革を指示された文部省は六・三・三制の学制改革を検討し一九四七年四月に施行したが、学校現場では混乱した。国に財政的な余力がなく、財政負担は学校を有する自治体に押し付けられたからである。北空知の各町村にも新制の小学校、中学校が設置されることになり、小学校は戦前の尋常小学校、戦中の国民学校の建物をそのまま新制小学校として利用できたが、新制中学校の校舎は新たに建設されなければならなかった。

深川町においても新制の中学校を建設するのは深川町の財政状況では厳しく、深川町長（若林四郎）や議会は、深川中学校と深川高等女学校の内どちらか一校を新制中学校の校舎にあてて、高等学校への昇格は一校にしようとしていた。これに対して北空知一一カ町村の住民は二校とも高等学校として存続することを願い、三代ＰＴＡ会長の鈴木繁一を先頭に「高等学校昇格期成会」を結成して深川町や北海道庁に対する要請運動を展開した。『深川市史』『新深川市史』には、「新制中学の校舎の問題で町民の批判を受け」て、若林町長がリコールされたことが記されている。新制中学の校舎問題は深川町に限ったことではなかった。戦後の地方の財政的な困難と住民の教育要求の大きさが矛盾となって、地方のさまざまな所で新制中学校の設置をめぐる混乱が噴出していた。これらの混乱の原因は国が地方にその負担を押し付けたからに他ならない。

当初、深川中学校、深川高等女学校の両校は、北海道の「新教育制度実施準備協議会」で一審、二審で高等学校への昇格は保留になっており、二校の高等学校昇格は不可能と思われていた。しかしながら、両校のＰＴＡや北空知一一カ町村住民の教育への熱い思いと粘り強い運動が功を奏して一九四八年四月、深川中学校は北海道立深川高等学校に、深川高等女学校は北海道立深川女子高等学校として存続することができた。二つの高校を存続させたことは、まさに「北空知文化センターとしての使命」（三代校長松村勝造「憶出を語る」『二〇周年記念誌』）を果たすものであり、「今日になって大きな収穫」（三代ＰＴＡ会長鈴木繁一「回想二十年」同上書）であって、後の北空知地域の教育と文化の発展に大きく貢献することになった。

## 3　学制改革六・三・三制の実施と深川高等学校の存続

一九四七年四月一日、新学制六・三・三制が実施され、小学校（国民学校を改称）・中学校・高等学校となったが、中学校は財政難で校舎建設が進まず旧制中学校に併置され、高等学校は一年遅れて一九四八年に正式に発足する。一九四七年の学制改革により旧制深川中学校に新制中学校が併置されて、一年生から三年生までは新制中学校の生徒となった。四年生と五年生は旧制中学校の生徒で、一九四八年四月一日の北海道立深川高等学校への昇格により五年生は旧制中学生として卒業するか、新制高校の三年生へ進学するかを選択することができた。新制中学校の併置は一九四九年三月二四日の新制中学校卒業式で解消された。

一九四八年、深川中学校、深川高等女学校はそれぞれ深川高等学校、深川女子高等学校として新制高等学校に昇格して存続することになるが、GHQによる教育改革は教育での男女差別を解消するために男女高等学校の併合方針を提示して、一九五〇年四月、深川高等学校と深川女子高等学校は合併、北海道立深川高等学校となって男女共学が実現した。

## 4　男女共学になった深川高等学校　――西校舎と東校舎に分かれて――

男女共学の北海道深川高等学校は、一学年五学級編成で、在籍生徒数は九四〇名を擁して発足した。元深川高等学校を西校舎、元深川女子高等学校を東校舎にして、二校分離の形で授業が開始された。

当時、東校舎に在学した男子生徒と西校舎に在学した女子生徒の思い出を紹介する。

「昭和二十五年四月、三年生になった時、深川女子高校と深川高校との統合が決まった。男女共学である。教育課程が普通科と商業科に分かれた。私は商業科を選択したので、旧女子高であった東校舎に通学することになった。旧男子高の西校舎と比べると、東校舎は清潔で、すぐ裏手には石狩川の清流が四季を浮かべており環境は、すこぶる良い。

一学級に男女ほぼ半々、女性と机を並べて学ぶのは初めてで、話し方接し方などどうすればよいのか分からない。当時「青い山脈」の映画がヒットしていた。舞台背景はこれとそっくりであったが、現実には映画のようにはいかない。とまどい、はじらい、あこがれ、複雑な感情が交錯するうちに高校最後の一年間は、あっという間に終わってしまった。短い期間だったが忘れられない淡い青春時代の一ページであった。」


（O（高三期一九五一年卒）「波瀾万丈」『六〇周年記念誌』）


「昭和二十五年には、共学が完全に行われて私は西校舎（現在の西高）で学び始めた。担任の先生は武《ママ》内晃先生、男子生徒二十七名、女子生徒六名のクラスであった。進学希望者の多い西校舎の生徒は、どうしても男子生徒が多く、女子生徒は男子生徒の四分の一しかいなかったし、慣れない校舎で遠慮がちに過ごしたことを思い出す。しか〔し、〕東校舎では、男女の割合が、ほどほどによく大らかに楽しく学んだと聞いている。西校舎三クラス、東校舎も三クラスで合計六クラスの高校三年生達であった。

男子生徒たちは優しかった。

高校三年生になって初めての共学の中で、私達は慣れない校舎、雰囲気に戸惑いながら学びだしたのであるが、女学校での勉強よりはるかに難しく感じた。」
（T（高三期一九五一年卒）「昨日のように」同上書）

これらの文章から、当時の深川高校の東西二つの校舎の状況と、深川高等学校と深川女子高等学校の統合により男女共学が実現して、男女が机を並べて学ぶことに戸惑いながらも、毎日が楽しく、期待に胸をふくらませている様子がわかる。後の深川西高と深川東高の原型がここに生まれた。

# Ⅲ　三島校長の教育方針と「処罰撤廃」

## ―「処罰撤廃」と深川高校生徒会―

## 1　三島孚滋雄校長の着任

一九五〇（昭和二五）年四月に名寄高等学校から深川高等学校に第四代校長として赴任してきた三島孚滋雄*は、校舎が西と東に分かれていることでなにかと大変だった当時の学校経営について『二十周年記念誌』に寄せた文章で次のように述べている。

「四月になりました。予想通り転任でした。ところが、そこは名寄同様併合となった深川でした。あの深川高校併合経営の三年間、当時の生徒諸君はどんなに不便をしのんだ事でしょう。しかし生徒諸君の不便はまだ大した事ではなかったのです。先生方の困難こそ並大抵のものではありませんでした。仮に表向きの持時間は二十時間であったにしても、二つの校舎の間を文字通り東奔西走したあの苦労、実際には三十時間にもそれ以上にもなっていた事でしょう。」

（「思い出すま、に」『二十周年記念誌』）

校舎が西と東に分かれていて、生徒、教師とも大変な苦労を強いられるが、困難はそれだけではなかった。六・三・三制の学制改革は、男女差別や貧富の格差を助長する戦前の複線の差別的教育制度を廃止し、中学までの義務教育、男女共学などを柱とする民主的な教育制度をめざすものであったが、そのために必要な学校建設、施設整備、教師の人員確保などの経費は地域住民の負担とされ、小・中学校は市町村、高校は都道府県の財政負担とされた。戦後の混乱の中で地方の住民は疲弊しきっていて、教育にかける財政的な予算はほとんどない状態であった。従って教師の確保はできずに定数は充足されていなかった。深川高校の場合も例外ではなく、職員定数の「約三割の十名が欠員だった」（三島孚滋雄「東西統合時代—若き日の深川の三年間—」深川東高等学校編『五十年誌—深川東高等学校創立五十周年記念誌—』一九七九年）から、三島は着任早々、道内はもとより、東北、関東、中部あたりまで職員を求めて駆け回らなければならなかった。

＊三島孚滋雄について論じたものとして、金倉義慧『学園自治の旗—北海道深川西高の記録—』明治図書、一九六九年、竹内常一「解説　戦後民主主義教育における深川西高の位置」同上書、所収、『宮武慶一遺稿集』第一巻、私家版、二〇一二年、森谷長能『北海道深川西高校「あゆみ会事件」』文理閣、二〇一四年、田中武雄、春日辰夫『教育の良心を生きた教師—三島孚滋雄の軌跡—』本の泉社、二〇一七年がある。

## 2　定時制の設置

三島は深川高校へ赴任してきて東西に分かれた校舎で苦労し、教師の確保にも東奔西走するが、彼は深川高校の整備、充実だけではなく、定時制を新設することにも挑みそれを成し遂げている。

「沿革史抄」（『二十周年記念誌』）によると、一九五一年四月一日定時制課程実施、四月二二日定時制夜間課程開校入学式とあるが、深川高校の定時制については『新深川市史』が詳しく記述している。

「昭和二十六年四月定時制課程を併置し、また商業課程も設置されました。この定時制は、地域の勤労青年の要望に応えて同二十四年から設置運動が展開されて、ようやく認められたものです。しかし、「深川町立北海道深川高等学校深川分校」という奇妙な校名が示すように、町立で認可され道立深川高等学校の分校という形式を取っています。一年生二学級と二年生一学級で発足することになっていましたが、実際は非公認で三、四年生混成の一学級を追加編入させ、合計四学級で発足しています。在籍は一年生八三人、二年生二一人、三年生一一人、四年生二一人の合計一三六人でした。翌二十七年、三月第一回の卒業生を送り出し、四月から道立に移管されました。〔中略〕。〔昭和〕五十四年三月最後の卒業生三人を送り出して二十九年の歴史を閉じました。この間、送り出した卒業生は八二六人にもなっています。」

定時制が東校舎に設置されたのは深川高等学校東西分離校舎の時代であったが、その後、この定時制は一九七九年三月まで深川東高で継続された。三島は深川高校の整備で多忙を極めていたが、定時制の設置にも力を割いてそれを実現させた。その時のことを次のように述べている。

「元町長の香川さん、お元気でしょうか。あなたの御恩はいつまでも忘れる事はできません。あの時、昭和二十六年四月、あなたのあの英断が無かったら、深川地方の勤労青年諸君は長く定時制課程に学ぶ機会を持つことができなかったかも知れません。道立としての新設が遂に駄目となってがっかりしていたその時、あなたは断固として深川町立の高等学校をつくられたのでした。そしてその内容も着々と整備し、翌年は道立移管に成功したのでした。本当に有難うございました。それから事務にいた増田君、私が深川に行って間もなく、是非定時制を作ってくれといって来たのは実にあなたでした。あなたは本当に真剣でした。同志の人々と相談して署名簿を作って持って来ました。そして私の腰を押しあげたのでした。あれから七年になりますが、定時制の経営は全国的に困難な模様、しかし、深川の定時制のいよいよ発展することを祈ってやみません。」

（三島、前掲書）

また、三島は別の所で定時制の設置の時のことを補足して次のようにも述べている。

「定時制専任の職員を得ることはとても困難ではありましたが、昼間部の先生の中から進んで定時制に移って下さった方が何人もありました。その時の感激は忘れられるものではありません。

この定時制の開設、最初に増田君達の希望を聞いたのは私でありましたが、そのあと、香川町長を動かしたのも、設備計画その他の諸準備をやったのも実はすべて教頭の岡部さんだったのです。ライオンのたてがみみたいな髪の毛をバサリバサリと振り動かし、竜の様に煙草の煙をプフーッと吹きつけながら、周囲の人々を温かく圧倒してゆくあの岡部さんです。岡部さんの絶妙な働きは実に学校運営すべてに亘り、私在任三年間の実質上の校長は岡部さん、そして教頭は篠崎さんだったのです。」

（三島「東西統合時代―若き日の深川の三年間―」前掲書）

三島は戦後の混乱期の学制改革によってまだ定まらない新制高等学校の確立と運営に走り回り、東西分離校舎という物理的な弊害にも対応しながら、それにとどまらず、働く若者たちの勉学への要求に応え、教育の機会均等にも積極的に挑んで深川高校に定時制を開設した。三島の教育への並々ならぬ情熱を感じる。

## 3　三島校長と深川高校

三島は深川高校に着任するや、教員の定員充足、東西分離校舎の解消、定時制の開設などに東奔西走する。また、生徒の教育にも熱心で「だれかれの区別なく気さくに接し、話しかけた。放課後など体育館に出向き、遊んでいる生徒を集めては話をしていた。時には新聞をたずさえて生徒と議論したり、気軽に意見を交換したりする光景が見られた」（森谷『北海道深川西高校「あゆみ会事件」』、二三ページ）とあるように、気軽に生徒と接していた。しかし、三島の評価はこれにとどまるものではない。

深川西高校の「自由の学園」の歴史を語る時、その原点になるのは三島校長の教育観であり、彼の深川高校での三年間の実践が重要な意味を持つ。

三島の幼少期から教師を退職するまでを描いた田中武雄、春日辰夫『教育の良心を生きた教師―三島孚滋雄の軌跡―』（本の泉社、二〇一七年）では「三島孚滋雄（一九〇五‐一九八五）という教師がいた。戦前一九三〇年代教員運動でいえば、村山俊太郎（一九〇五‐一九四九）、佐々木昂（一九〇六‐一九四四）、今井誉次郎（一九〇六‐一九七七）、そして「治安維持法」改悪（死刑・無期刑追加、一九二八・六）前後に交わったという本庄陸男（一九〇五‐一九三九）等と〝同時代人〟であった。戦前・戦中・戦後をとおして、〔これらの教師たちは〕「日本教育の良心」を護ろうとした。その中で三島は、勝田〔守一〕が指摘した一九五〇年代の〝逆コース〟すなわち「教育二法」から「勤評」までの時代に抗い続けたことで顕著なものがある」（六ページ）として朝鮮戦争を契機に始まった日本の一九五〇年代の「逆コース」への三島の抵抗を評価したうえで、「時代の中で、〝教育の良心〟を生きようとした三島にとって、それは、避けてとおることができない問題であった。しかし、翻ってそのことが、戦後高校生活指導運動の先駆となる深川西高の「自由の学園」づくりを基礎づけたのである」（八ページ）と深川西高の「自由の学園」に果たした三島の役割の大きさを強調している。

三島が深川西高の「自由の学園」を築くために重視したのは、教育の場から「一切の処罰制度を撤廃する」ことであったが、森谷は三島のその意図について言及し、「真の自覚的な自主自立の民主教育を打ち立てるために、戦前的統制教育の主柱である一切の処罰制度を撤廃し、それに代わる民主的規律を教師と生徒の共同の教育的営為で作り出し、生徒たちを阻むさまざまな発達阻害や非行などを克服しようと意図したのである」(森谷、前掲書)と結論づけた。「自由の学園」の基礎には、戦前の教育界を支配していた処罰制度に代わって、教師と生徒が共同で創り上げる民主的な規律が存在しなければならないことが強調された。

また、校長の三島が深川西高において特別な存在であったことについては一九五八年度の生徒会長の竹内清が『二十周年記念誌』に「三島元校長との対談記」を掲載したことにも現れている。竹内は、『二十周年記念誌』編集の最終段階の「割つけ」の作業をしている時に、三島が深川西高を訪れたと聞き、三島が帰る途中で寄った岡部教頭宅まで行って面会を果たしている。竹内がわざわざ三島に会いに行ったのは、『二十周年記念誌』の編集作業の過程で知ったり先輩たちから聞いた「保安大学校受験拒否事件」についてのことが聞きたかったと述べているが、それだけではなかっただろう。

『二十周年記念誌』が刊行されたのは一九五八年九月で、三島が深川高校から宮城県白石中学校へ転出したのは一九五三年四月であるから、すでに五年が経っている。『二十周年記念誌』の編集時に在学した深川西高の生徒は、三島とは同じ時間を共有していない。深川西高生にとって三島は過去の先生であった。にもかかわらず、三島が深川を訪れたことを聞いてわざわざ話を聞きに行くというのは余程のことであり、聞きとった話の内容を『二十周年記念誌』に掲載するのは、当時の生徒たちが深川西高の「自由の学園」の形成にとって三島の存在が大きいと考えていたからに他ならない。

　この記事では、「保安大学校受験拒否事件」についての三島の対応が主な内容になっているが、三島が竹内に対して「学生は学問だけでなく政治的な活動もやってもいい。情熱を持ちたい。また、単純な批判には反対である」と述べたことも書いて、「本当に理解してくれる人に始めて会ってよう《ママ》で、うれしかった」と結んでいる。三島が初対面の生徒にも真摯に向き合う姿と、その三島に感動する生徒の率直な感想が述べられている。

## 4　三島校長の教育観、民主主義思想と教育実践

　三島の教育観、民主主義思想、教育実践については先に紹介した文献で既に言い尽くされていて、改めて付け加えることはない。しかし、深川西高の民主教育、「自由の学園」を語ろうとするならばどうしても三島の教育観、深川高校での実践にたちかえって、検証されなければならない。繰り返すことになるが、深川高校での三島の三年間の実践を概観し、検証する。

　三島が深川高校へ赴任してきた一九五〇年は、朝鮮戦争が勃発し、アメリカの世界戦略＝冷戦戦略によって日本がアジアの反共の砦に位置づけられて「逆コース」が急速に進む時期であった。日本共産党中央委員が追放され、機関紙「アカハタ」が発行停止になり、レッド・

パージが始まった。八月には警察予備隊令が公布され、一九五三年四月には保安大学校（現防衛大学校）が開校する。一九五一年九月にはサンフランシスコ平和条約・日米安保条約が調印され、翌年の四月に発効した。

田中・春日は三島を「一九五〇年代の〝逆コース〟、すなわち『教育二法』から『勤評』までの時代に抗い続けたことで顕著なものがある」（田中・春日、前掲書）と評価したが、三島が深川高校へ赴任してきたのは一九五〇年四月で、「教育二法」（一九五四年二月国会に提出）の闘争が始まる前であった。三島の「抗い」は「教育二法」のたたかいより前の深川高校への着任と同時に始まっている。

三島が深川高校へ赴任してから、教員の補充、定時制の新設、東西校舎分離の解消など教育環境の整備に奔走したことはすでに述べたが、三島の時代への「抗い」は「教育二法」闘争よりも前に直接的な行動として現れる。一九五二年四月の「日本の独立についての学校長講話」と一一月の「保安大学校受験拒否事件」がそれである。

## 5「日本の独立についての学校長講話」

「日本の独立についての学校長講話」は一九五二年四月二八日、サンフランシスコ平和条約と日米安全保障条約が発効した日に全校生徒を集めて、これらの条約は「日本を半永久的に外国の植民地、従属国として、戦争する国に仕立てる条約であり、この調印は日本国民にとって『屈辱の日の始まり』であると、涙をぬぐいながら訴えた」（森谷、前掲書）三島の講話をいう。

三島が講話で生徒に「涙をぬぐいながら訴えた」のは、三島の先の戦争への反省と当時の〝逆コース〟に転じた日本の状況に大きな危機感を持ったからに他ならない。三島の講話の内容が具体的にどのようなものであったかは記録としては残されていないが、その時深川高校の教員として在籍した宮武慶一は三島の講話を深川高校の体育館で生徒と一緒に聞いて、その内容を後に記している。

「論熱く、沸騰の激り、締結を知らされてややの日、三島校長は、全校生徒を一堂に会させた。『政治のこと、経済のことについて、余りにも今日まで君たちに語りかけなかったことを申し訳なく思う。結ばれ批准された安全保障条約は、日本或いは世界の安全を保障するものではなく、今後の日本国民に屈辱を与え、奴隷的性格の状態に置くものであり、未来ある君たちの生命と将来を奪い取ろうとする危険にさらすものである。畢竟《ひっきょう》すれば、日本民族の運命を売り渡す条約であると言わねばならぬ』と述べた。滂沱《ぼうだ》とどまりない涙を幾度か拭い、いとおしい稚い生命の前途を思って、溢れる怒りを抑えるに術を持たないかに見えた壇上の懸命に打たれては、生徒のみならず若い教師群は感動し、漏れる嗚咽を押し殺した。沈黙が満堂を圧した。沈黙は賛意の表明であり、売り渡した調印者に対する叩きつけた怒りであった。三島校長の言動は、公立学校校長としての埒をこえて、高校生の政治的教養を高めるべきを書いていた高校学習指導要領の自らする外覧なき垂範実践であった。」

（宮武慶一『遺稿集』第一集、二〇一二年三月、私家版）

三島校長の講話を実際に聞いた生徒の感想もあるので紹介する。

「私の高校時代で印象深かったことといえば、入学した年（一九五〇年）の六月、朝鮮動乱の勃発、そして、翌年の日米安全保障条約調印ということかも知れません。

特に、安保調印の直後、当時の三島校長先生が全校生徒の前で涙を流されていたことが、当時、入学したばかりの私には、その内容について、あまり理解できませんでした。そのことが、今でも深く心に残っております。」

（Ｕ（高五期一九五三年卒）「私の高校生時代」『六〇周年記念誌』）

当時、深川高校三年生に在学していて、後に深川西高の教師になった金倉義慧は、その時のことを次のように回想した。

「昭和二十七年四月二十八日のことだ。私はその時の三島孚滋雄校長の激昂した話しっぷりを今でもはっきり思い出すことができる。〔中略〕。

三島校長は全校生徒を前にした壇上で、この条約は偽りであり決して日本の真の独立につながるものではなく、それどころか将来の日本にとって重大な禍根となり再び軍国主義への道を歩むものだと演壇をたたいて訴えた。三島校長の声は震え、涙がながれていた。

その三島校長の話や態度に私は強烈なショックを受けた。天と地がひっくりかえったようなものだった。何せ国全体から言えば、日本は独立した、戦争は終わったとお祭りさわぎの浮かれ調子だったから、私自身もそんな気になっていたからなのである。

学校を帰り、父にそのことを話した。父はとりあわなかった。嘲笑っているようにも思えた。私は父の態度から逆に三島校長の話した内容の真実味を知った。そしてそれまでいい加減な考え方しかしていなかった自分を恥じた。もし三島校長の話を聞くことがなかったら、私はありきたりの点取り虫高校生として終わっていたことだろう。目先のことと自分のことしか考えない、無関心な、無思想な、歴史の歩みに無意識のうちに背を向けている人間になっていたかもしれない。」
（金倉義慧「西高三年生の時のこと」、深西民主教育を守り育てる会『凍原に生きる』第七号、一九六九年）

三島がサンフランシスコ平和条約と日米安保条約発効の日に全校生徒を集めて、その意味について語ったことは当時、それを実際に聞いた教師や生徒たちにとっては忘れられないものとして、生き方を決定づけるほどの強烈なものとして印象づけられた。＊宮武が言うように三島のこの講話は「公立学校校長としての埒をこえ」たものであった。

＊当時、新聞会で活動していた一九五三年卒業の澤出富士夫さんは、安倍内閣が二〇一三年四月二八日にサンフランシスコ平和条約発効六〇年を記念して「主権回復・国際社会復帰を記念する式典」を東京・永田町の憲政記念館で開催したことに抗議して、三島校長の深川高校での講話を思い起こし、「校長の涙思う」と題して新聞に投稿した。これについては、森谷『北海道深川西高校「あゆみ会事件」』に紹介されている。

## 6　保安大学校受験拒否事件

三島はこの年の一一月、「保安大学校受験拒否事件」に巻き込まれる。日米安保条約の発効後、アメリカは日本を東西冷戦戦略に組み込み、東アジアの反共の砦と位置付けて日本の再軍備を要求した。一九五二年七月には警察予備隊が保安隊に、一九五四年には自衛隊に再編・強化されるが、それに伴って一九五二年八月、幹部養成機関として保安大学校（現防衛大学校）が創設される。一九五三年度の第一期生募集が一九五二年一一月一五日を締め切りとして行われた。学費は無料で、そのうえ学生手当として給与も支給されることが魅力となって人気が高かった。深川高校からも六人の生徒が受験しようとした。それを知った三島は、受験を希望する六人の生徒たちと直接会って説得し、その受験を思いとどまらせた。

三島の思いは、保安大学校は軍隊の幹部養成機関であって、戦争で人を殺すことを訓練し、教育することを目的とする学校で、卒業すれば自ずと軍隊の幹部として戦争に関わって生きなければならない。自分の教え子たちにそんな将来を選択させてはならなかった。これは彼の教師としての固い決意であった。

しかし、三島のこの思いは生徒には理解されたが、地域や父母には伝わらなかった。生徒の一人の親が「人権侵害ではないか」と旭川地方法務局に投書した。北海道新聞は「保安大学受験を阻止　深川高校長強引に生徒六名を説得」との見出しを掲げて大々的に報道した（「北海道新聞」一九五二年一一月二二日朝刊）。

投書、報道を受けて旭川地方法務局は、深川高校の関係職員や生徒からの事情聴取を行うなどの調査を行った。その結果、「人権侵害の事実はない」ことが表明された。これでこの問題は一件落着かと思われたが、その後、地域では「深川高校は偏向している」「校長は左がかっている」との偏見や憶測が広がった。

この問題が、三島校長の深川高校退職の要因になり、その後の文部省や北海道教育委員会、警察権力、一部マスコミ、地域の反動層による謀略的な「教育二法偏向教育事例事件」や「あゆみ会事件」を引き起こし、深川西高＝「自由の学園」の破壊攻撃へとつながっていく。

三島の戦時中の思想的な遍歴については森谷、田中・春日の文献が詳しく述べているのでそちらに譲るが、三島は戦時中を戦争に抵抗せずに、むしろ好戦的な人間として過ごしていたことを悔い、二〇年来の罪を償わなければならないと決意した。その反省と決意が三島の戦後の教育者としての言動に顕れた。深川高校での「日本の独立についての学校長講話」と「保安大学校受験拒否」は、生徒を二度と再び戦争には行かせないという覚悟と、主権者としての人間を育てる、三島の命を賭した教育実践であったといえる。

## 7　三島校長の教育方針 ―三項目の教育方針と処罰全廃―

三島は深川高校に転任してきて一年目が終わろうとしていた一九五一年三月三〇日に一九五一年度の教育方針として、①教科中心主義、②鍛練主義、③絶対平和主義の三項目を示した（「沿革史抄」『二十周年記念誌』）。

森谷は「この方針は、簡潔な標語的表現であって、言葉としての意味はわかっても、三島が何を意図し、何を具体化しようとしたのかはにわかには知りえなかった」（森谷、前掲書）と書き、特に「鍛練主義」については「鍛練という言葉は、戦時中の訓練とか修練という古臭い響きを思い起こさせて、にわかには受け入れ難い。そしてそれが『絶対平和主義』とどのように結びつくのかという疑問も生じる」（森谷、同上書）としながら、その意味するところを三島が残した文章から読みとろうとした。

三島は、この教育方針については直接の言及はしていないが、当時の教育現場のことに触れながらその対策として、生徒への処罰の全廃を全職員で議論し、提起したことを次のように書いた。

「日米安保条約によってアメリカの半永久支配体制が確立し、残虐な朝鮮戦争が進行していたその時代、それはわが深高に限ったことではありませんが、生徒諸君の間に、次々と色々なことが起っていました。生徒指導は校長の直接的任務ではないとはいえ、責任はやっぱり重いので、小さな脳みそをむりやり絞って考えついた対策は、退学処分は勿論、あらゆる処罰と名のつくものはこれを全廃するということでした。そのための職員会議を何回開いたことでしょう。そして遂に、私は全職員の一致協力に支えられ、「本日以後あらゆる処罰はこれを撤廃する。」と全校生徒に伝える日がやって来ました。

「いかに何でもこの息子を学校にあげておくことはできない」と退学届を持参した父親に「本校には退学はありません。」と言って学級担任が追い返したのはその後間もなくのことでした。親にまであいそをつかされていた生徒が、その担任に対して忽ち全幅の信頼を傾けるに至り、奇蹟的な変貌を遂げたとあとで聞きました。その時の担任は矢萩先生だったと思います。

とはいえ、こんなことが毎日あるわけではありません。背水の陣を敷いた後の諸先生の苦労は想像に絶するものがあったと思います。私はただただ先生方の後ろ姿に人知れず手を合わせておりました。しかし結果は予想をはるかに上まわる素晴らしいものだったようです。

私が深川をおいとましたあとのことは、当時生徒だった金倉君の『学園自治の旗』でその一端を知りました。」

（三島「東西統合時代―若き日の深川の三年間―」、前掲書）

この文章を受けて、森谷は三島が提示した三項目の教育方針と生徒への処罰撤廃を結び付けて三島の教育思想を読み込んだ。

「真の自覚的な自主自立の民主教育を打ち立てるために、戦前的統制教育の主柱である一切の処罰制度を撤廃し、それに代わる民主的規律を教師と生徒の共同の教育的営為で作り出し、生徒たちを阻むさまざまな発達疎外や非行などを克服しようと意図したのである。この「教師と生徒の共同の教育的営為」を「背水の陣をしいた諸先生の苦労」と語り、その中身について言及はしていないが、この「諸先生の苦労」こそが、教育方針の「鍛練主義」の中身ではなかったか。安易な「生徒中心主義」「生徒本位」の限界を乗り越えて、生徒会を中心とした自主活動を高め、教師の強力な指導の下で自主管理を含む自治の生徒集団へと鍛え上げる。それは文字どおり「訓練」とか「鍛練」と呼べる人格的ぶつかりを持った教師と生徒との「教育的共同営為」だということができる。これが三島の描いた「鍛練主義」だったのである。」

（森谷、前掲書）

「三島の教育目標であり、深川高校でその実現にこだわり続けたものに処罰全廃構想がある。その構想はまだ確たる形・内容として描かれてはいない未熟さがあるが、三島は、教師集団の団結と指導をてこに生徒集団の自主的民主的活動が高まれば、必ず集団が前進するための自主管理の力が生み出され、その力が、戦前戦中教育の一方的な「注入」と「押し付け」の支配にとって代わり、処罰主義を克服するという見通しをもっていた。言い換えるとそれは、生徒一人ひとりを民主主義社会の主権者として育て「鍛え上げる」という憲法と教育基本法の体現であった。」

（森谷、前掲書）

金倉は「鍛練主義というのは古めかしい言葉ですが、どういう意味ですか」と問われて、「自治的な力、民主的な実践力ということ、高生研〔全国高校生活指導研究協議会〕などが言っていた民主的訓練という言葉にあたるのかな」と応じている（野々垣、前掲書）。三島の「鍛練主義」は確かに言葉としては古いが、その内容はそれまでの日本の軍国主義の中で常識として植え付けられてきた上からの処罰主義に真っ向から反対し、そこから脱却してはじめて生徒が自由と自治を自らのものとして獲得する出発点ととらえたのであろう。

生徒の自由と自治は、放っておいて自然に獲得できるものではない。生徒と真正面から向き合って、生徒たちに自由と自治を受け入れるだけの力をつけさせる教師集団が存在しなければならない。生徒より前に、鍛えられた民主的な教師集団が形成され、その教師集団が生徒に自由と自治を獲得させる自主管理能力を身に着けさせる。それが「教育的共同営為」であり、教師も生徒もその立場からお互いに鍛えられなければならない。処罰を撤廃する教育方針は、その出発点であった。

三島が提起した「処罰の撤廃」は、上から一方的に処罰を与えるのではなく、問題が起った時、生徒自らがその問題に取り組んで解決をめざすことを目的とした。例えば、暴力問題が起った時、これまでは学校・教師が一方的に加害者に対し退学や停学などの処分を行うことですませてきたが、これからはそれを止めて、生徒自身の手でその問題を考え、解決しようというのである。まさに生徒の自治に任せるということであり、生徒にはそれだけの力をつけさせることが教育の役割であり、教師の指導になる。そのためには教師自身に自治の力をつける訓練が要請されるし、その後に生徒への確実で粘り強い指導が要請される。この内容が三島の言う「鍛練主義」にあたる。

## 8　生徒会会則に弾劾規定

深川高校の生徒会は、一九五一年末、暴力排除の大キャンペーンに取り組むが、その中で生徒会会則に弾劾規定を盛り込むことになる。

一九四八年四月、新制の深川高等学校となるが、まだ戦前の慣習からは脱しきれずに上級生による下級生への暴力、教師による「愛の鞭」を口実にした生徒への体罰などが横行していた。一九五〇年四月、三島が校長として赴任し、翌年に三項目の教育方針と「処罰の撤廃」を提起して後、生徒たちの中に徐々に暴力批判の機運がたかまってきた。日常的にあった上級生の下級生への暴力が問題として指摘されて、ホームルーム討議で議論され、暴力をふるった生徒は被害を受けた生徒のホームルームでの謝罪が求められた。また、教師による体罰も生徒は指弾した。実際に起こった暴力や体罰が契機となって、一九五一年末に暴力批判の大キャンペーンが取り組まれ、この取り組みの中で生徒会会則に弾劾規定が盛り込まれる。

「会則第一章第二条　会員は自主的学校生活の向上と生徒会活動の正常なる発達の為、別に定める弾劾規定により、各役員会員を弾劾する事が出来る。」

「別に定める弾劾規定」はその時はまだ具体化されなかったが、翌年の六月の代議員会で弾劾規定の草案が作成され、承認された。弾劾規定は一〇条の条文から成り、弾劾委員は各学年から二名の計六名で構成され、その選出方法、審査の進め方の手続きを規定し、①被弾劾者が生徒会役員の場合は解任、②被弾劾者が一般会員の場合は忠告、謝罪、生徒会行事への参加定期間禁止等の措置をとることが明確にされた（『深高新聞』第八号、一九五二年六月一六日）。

こうした画期的な弾劾規定が生徒会会則に盛り込まれたが、この規定が実際に活用されることはなかった。この規定は三島の三項目の教育方針と「処罰の撤廃」の提起があって定められたところが大きく、生徒たちにはまだこの内容が十分には理解されていなかった。これが実質化するのは、三島が深川高校を去った後の一九五四年の「学園から暴力を追放する」運動によって生徒会に新たに設置された「秩序維持委員会」によってであった。秩序維持委員会の発足とその意義については後に述べる。

## 9　三島校長の「処罰の撤廃」と生徒会自治

三島が深川高校に在職中に教師に採用された宮武慶一が『遺稿集』に書き残した中に三島校長と生徒のエピソードがあるのでそれを紹介する。

「学校祭を終えれば、〔略〕最後の生徒総会である。

「校長は会場から退席してください。周囲を囲んでいる先生方も同様です。これは生徒総会・大会ですから、われわれ自身の手でやっていきます」

始業式であろうが終業式であろうが、全校生徒が一同に会して、整然・縦横を揃えた体系を作った。ミーティングの場では、何時からの慣わしであるだろうか、至極当然に各々の位置はお定まりで、何等の抵抗も抱かず、コの字形に教師は多くの学校がそうであったように、顧みもなく当為としてぐるりと取り巻くように立って監視するか観察を通例とする。〔中略〕。

痛高くはないが、会場内に響き渡った声に、生徒たちは一様に校長をみつめた。沈黙が一切を支配し、一瞬会場は水を打つ静寂が訪れ、トタン屋根をカラスの爪音だけが異様に高く響いた。教師の大部分は、破天荒の無頼と思ったか、右往左往の醜態をさらけて、戸惑いを隠しきれなかった。

「わかりました」

と、一言告げて校長は会場を去った。

「我々を信頼してください」

Sの声が追いかけた。教師たちも互いを促して、二人消え、三人消えと場を去った。生徒総会は、取り立てた案件が用意されていたわけではなかったから予定された時間からはみ出ることもなく、スムーズに終わった。執行部改選に伴う運動方針補足と補正予算を承認しただけである。校長は雲の上に座ってはいなかった。澄んだ千余の瞳を信頼して微動がなかった。」

（宮武、前掲書）

この校長は三島であった。

深川高校の生徒会が発足するのは一九五〇年五月一〇日で、生徒会が発足して一三日には役員選挙が行われ、会長、副会長、書記の三役が選出される。深川高校生徒会の初代会長は、宮武の記述にあるSである。彼は『深高新聞』創刊号（一九五〇年六月二五日）に生徒会の発足にあたって声明を寄せて、「我々はお互ひの立場を尊重して、あくまでも民主的に、よりよき学園の建設え邁進せねばならない。だが、学園はあくまでも学園である。学園の自治の名に於て、その純潔を乱すが如き外部の干渉に対しては、断固として排斥する覚悟であります」と述べて、生徒会の自治を守りぬく並々ならぬ決意を表明している。その決意が、校長、教師に対して「生徒総会は、生徒のものだから校長先生をはじめ、先生方にはこの場を退出して欲しい」と訴えさせた。三島はそれを静かに受け止めて、他の教師とともにその場を去ったのであるが、この時代にあって、生徒会の自治を自らのものにしようと全体集会の中で教師に堂々と意見する生徒もすごいが、それを受け止めた三島の対応も見事である。深川高校に赴任して半年もたたない時に、このような生徒たちに遭遇することができて三島は満足したに違いない。そして、この学校であれば三島が目指す「処罰の撤廃」を現実のものとすることができて、戦前戦中の軍隊式の上からの命令による教育や、教師の「愛の鞭」と称しての体罰、上級生の下級生への暴力をなくして、真に自由な自治を前面に押し出した民主的な学園を形成することができるとの確信を持ったのではないだろうか。

三島が深川高校に赴任して二年目の春に「絶対平和主義、教科中心主義、鍛練主義」の教育方針を示し、同時に生徒への「処罰の撤廃」を提起する。

三島の教育思想は、職員会議を何回も重ねながら徐々に職員の間に浸透した。そして、この三島の職場の民主化の思想は、先述した教師の出席を拒んで生徒自身の手になる生徒総会の開催を主張した生徒の自治意識とも繋がって、深川高校の自由＝自治が学園全体のものとしてつくり上げられる基礎を築いた。しかし、三島の教育思想が深川高校で制度として運用され、定着するまでには至らなかった。三島が深川高校に在職した期間があまりにも短かった。三島ができなかった民主的な職場の制度と仕組みは、彼が深川高校を去ったあとに校長事務取扱に任命された岡部教頭が中心となってつくり上げられることになった。

## 10　三島校長の退職

三島は深川高校の「東西両校の分離独立」が決まった一九五三年四月一日、深川高校を退職し、宮城県白石中学校校長に転任する。この転任は、高等学校校長から中学校校長への降格であり、「保安大学校受験拒否事件」の懲罰的な人事と思われた。ただ、「保安大学校受験拒否事件」が北海道新聞で報道された一九五二年一一月二二日の前、二〇日に女子寮で火災がおこった。ボヤですみ、大きな損害は生じなかったが、校長の管理責任は問われることになる。三島の降格人事はこの火災の責任を問われたものだとの推測もなされたが、「保安大学校受験拒否事件」の影響があったことは否めない。

この人事異動について、三島はその後一言も語ってはおらず真相はわからない。しかし、深川高校にとっては三島が去ったことによる損失は大きかった。もし、三島がもう一年深川高校（深川西高校）にそのまま校長として在職していたならば、森田科二さんを犠牲にした不幸な「あゆみ会事件」は起こらなかったのかもしれない。

三島は生徒や教職員に惜しまれながら、深川西高に自由と自治の大きな軌跡を残して深川の地を去った。

# Ⅳ　学園自治の基礎の形成と「あゆみ会事件」

## 1　学園自治の基礎の形成 ―一九五三年四月から八月の間―

一九五三（昭和二八）年四月、深川高等学校は東西両校が分離独立して、それぞれ深川西高等学校（以下、深川西高と称する）、深川東高等学校に改称された。深川西高の初年度の入学生は二七三名、五クラスで普通科のみが置かれた（『二〇周年記念誌』『六〇周年記念誌』）。

この四月に三島は深川高校を退職させられ、宮城県白石中学校に転出しているが、三島の後任はすぐには決まらなかった。後任の校長が着任するまで学校長事務取扱に教頭の岡部胤共が任命された。三島の後任の校長には網走南ヶ丘高等学校校長の田村重武が八月一日付で発令され、八月一七日、二学期の始業式に着任する。つまり一学期中は校長不在の状況になった。

この間に深川西高の職員間での民主化と自治の基礎が形成されることになる。学校長事務取扱の岡部は、ここで学校長を演じるのではなく、自分を補佐してくれる職員組織の仕組みを作り上げようとした。三島が残した学園民主主義と自治の理念の基礎を、まずは職員組織の中に作り、職員の中に根付かせること、そのための全職員の校務への自主的な参画とそれを保証する職員の希望制と公選制をとり入れた。

この仕組みが職場の民主化を実現することになり、討論を重ね一人ひとりが意見を十分に述べて決め、みんなで実践する組織になった。教員の職場の民主化こそが生徒たちのなかに民主主義と自治を育て、それを確かなものにすると考えた。この仕組みの具体的な内容について、森谷が概略をまとめて列挙しているのでそれを引用する。

①職員より選出された学校運営委員会の設置とその活動の開始。
②校務分掌の民主的決定と部長などの役員の公選による決定。
③生徒の要求を基礎に、男女別ホームルームの廃止。
④北空知校長会の申し合わせに抗して生徒の長髪の自由を守る。
⑤教師の暴力行為に対する生徒の糾弾運動を保障し、教師集団の討論を経て、一切の暴力否定と生徒への謝罪。
⑥生徒会秩序維持委員会の設立。
⑦映画「村八分」（近代映画協会製作、一九五三年）や前進座、新協劇団、新制作座などの民主的映画、演劇などの鑑賞。

（森谷、前掲書）

これらのことが深川西高の教師の中で話し合われ、実施された。これは、次期校長田村が着任してから後も職員の総意で継続されて、深川西高の自由の学園、民主教育の基礎が形成された。三島が深川を去った後も、三島の民主主義、自由・自治、平和の教育思想は深川西高の教師集団によって引き継がれた。

## 2 「教育二法偏向教育事例事件」と「あゆみ会事件」

三島が深川を去った一年後の一九五四年三月三日、文部省は衆議院文部委員会に対して、「教育二法案」（教育公務員特例法の一部改正法案、義務教育の政治的中立確保に関する臨時措置法案）を国会に提出するに至った根拠として「偏向教育の事例」を挙げ、全国二四件の調査内容を示した。京都旭丘中学校事件、山口県教組日記事件、北海道武佐中学校平和作文事件などとともに深川西高も挙げられた。深川西高の偏向の説明資料では、「校長が昭和二六年九月ころから教師四名、生徒七名をもって社会科学研究会を組織し、『資本主義社会の成熟は共産主義革命の出発なり』と題するビラを配布した。また、組織を近隣中学校へ拡大させている」というものであった。「昭和二六年九月ころ」の校長は三島であったが、ここで文部省が説明したような事実は一切なかった。社会科学研究会という組織は当時の深川高校には存在していなかったし、ビラも配布されたことはなかった。この調査は、文部省が各都道府県の教育委員会に指示して行ったことが新聞報道で暴露されたが、北海道教育委員会が深川高校を調査した事実はなかった。深川西高は教務主任（教頭）、社会科担当教師、学区内中学校の中心校長、PTA会長の連名で抗議と取り消しを求める意見書を文部省に提出したが、文部省、北海道教育委員会からの回答はなく、「教育二法案」は国会を通過した。

文部省が示した「偏向教育の事例」は、そのほとんどが虚構であり、悪意に満ちた捏造であった。深川高校の場合は、三島をターゲットにした攻撃であり、三島が深川高校で進めていた自由の学園と民主教育を押し潰すことを意図したものであった。

三島が去ったあと、深川西高の教師と生徒たちは、それを乗り越えて民主教育と自由と自治の学園づくり、平和を追求する活動を一層発展させようと努力していたが、この深川西高の教育を破壊するための企てが、北海道教育委員会の命を受けた校長と警察権力、地域の一部の反動有力者たちによって、マスコミを利用して行われた。

一九五四年九月三日、『北海日日新聞』は「日共の触手高校生へ　一部生徒が軍教参加？　湖畔でも特殊会合　父兄ら神経を尖らす」との記事を大きく掲載した。それに続いて九月二三日、今度は『北海道新聞』が同じ内容で「学園に日共の触手　深川西高の〝あゆみ会〟問題化　行燈担ぎメーデー参加　非武装の軍事訓練も行う？」と報道した。これらの記事は全く根も葉もない虚構の報道で、生徒会同好会「あゆみ会」の責任者だった深川西高二年生の森田科二《さだじ》さんは、青函連絡船洞爺丸をのみ込む大惨事を引き起こした「洞爺丸台風」が北海道を直撃した二六日、「真実と平和な世界を求めて」の墨書を遺し、報道機関への抗議を込めて自死した。「あゆみ会事件」については、当時、あゆみ会の顧問をしていた森谷が『北海道深川西高校「あゆみ会事件」―真実と平和な世界を求めて―』に克明に記録している。是非とも参照していただきたい。

ここでは「あゆみ会事件」についての詳細は同書に委ねることにして、二〇一九年九月、この事件を後世に伝えるために新たに建立された碑について紹介したい。

元々この碑は科二さんの父、武利さんが科二さんの遺墨「真実と平和な世界を求めて」を碑にして、深川市一已の屯田墓地にある森田家の墓所内に建立した。「あゆみ会事件」から五〇年を経た二〇〇四年以降、毎年九月に「平和と民主主義をすすめる深川懇話会（平民懇）」と「空知民衆史講座」は共同で「碑前のつどい」を開催してきた。二〇一九年、森田家が墓所を札幌に移転することにしたが、碑については「空知民衆史講座」の尽力もあって、幌加内町朱鞠内の「旧光顕寺・笹の墓標展示館」の敷地内に移設することが決まった。深川西高関係者をはじめ、道内外の人たちに広く募金を呼びかけ、二〇一九年九月に移設作業を終えて、同月二一日に碑の除幕式が行われた。「真実と平和な世界を求めて」の碑の傍らには、新たに「あゆみ会事件と碑について」と題された説明文を記した碑が建立された。この説明文は、「碑　移設実行委員会（代表加藤廣二）」が作成したが、「あゆみ会事件」の全貌を的確に記録しているので、それを掲げることにする。

「あゆみ会事件と碑について」

1954年9月26日、洞爺丸台風が吹き荒れる夜、北海道深川西高校生で、生徒会同好会「あゆみ会」の責任者だった森田科二さんが、その活動を標的にした「学園に日共の触手　非武装の軍事訓練も行う」など歪曲と虚偽の新聞報道に抗議して、碑文となった墨書を遺し、若く尊い命を絶ちました。

同校の教師集団と生徒会による真相解明の活動は、父母・地域・道内外の人びとの支援を受けました。北海道教育委員会も調査に入り、11月4日「偏向教育の事実なし」と見解を発表し、決着いたしました。

この事件は、再軍備を進める政府が、地域の有力者・校長・警察を動員し、報道機関を使って、憲法に基づく民主的な教育活動に、襲いかかったものといえます。虚偽の報道に抗議し、真実を明らかにすることを貫いて勝利した経験は、深川西高校の民主教育発展の基礎となり、全国の教育界に大きな励ましと影響を与えました。

私たち、教師や同窓生などの有志は、2004年から毎年、科二さんの命日の頃に、深川市一已屯田墓地の碑前で追悼と顕彰の集いを続けて来ました。

この度、森田家の墓所が移転することになり、碑の移設を行うことにしました。この事件を風化させてはならない、未来に引き継ぐ責任があると話し合い、移設先は、あゆみ会ゆかりの地である、幌加内町朱鞠内・笹の墓標展示館前庭としました。

２０１９年９月２１日建立

「真実と平和な世界を求めて」碑　移設実行委員会

「あゆみ会事件」は、一九五四年九月三日の『北海日日新聞』の虚構記事の掲載から始まり、あゆみ会の責任者、森田科二さんの尊い犠牲があったが、深川西高の教職員、生徒、父母、地域が一体となって真実を明らかにする運動に取り組み、他団体や大学、北海道内外の多くの人たちの支援を得て、一一月四日、北海道教育委員会の「深川西高に偏向教育のないことを確認した」との見解表明を得て終結した。

## 3　深川西高の「自由の学園」づくり ―秩序維持委員会の創設―

「あゆみ会事件」を乗り越えた深川西高の教職員と生徒たちは、自由・自治と民主主義の学園づくりにより一層邁進することになったが、時間を少し前にもどして生徒と教師の動きを一九五〇年から見ることにしたい。というのは、深川西高の自由と自治、民主主義を語る時、

「あゆみ会事件」がその契機になり、この事件があったから「深川西高＝自由の学園」が築かれたとする誤解を生じさせないためである。「あゆみ会事件」は深川西高の自由と自治、民主主義を求める教育、その教育を推進する教職員、会得しようと学園生活を精一杯展開する生徒たちへの、それを良く思わない勢力からの一方的な攻撃であった。事件の真実を明らかにする運動はこの攻撃との壮絶なたたかいであり、「自由の学園」を守るという側面はあったにしても、新たに「自由の学園」を勝ちとることを目的としたものではなかった。「あゆみ会事件」を経験することによって、深川西高のそれまでの教育が深化し、更に発展したのである。そのあたりのことを金倉編著『学園自治の旗―北海道深川西高の記録―』は次のように述べている。

「〃あゆみ会事件〃はわたしたちの側からの要因としておきるべくしておこったものではない。意図的に計画的にもちこまれたものであり、ひきおこすことによって、ようやく芽生えはじめていた深川西高の民主教育を破壊し去ろうとするところにあった。

だから、〃あゆみ会事件〃があったから深川西高の教育が変わったという性質のものではない。そうではなく、〃あゆみ会事件〃という貴重な、二度と許してはならない体験から、それまでの時には型破りな、時には大学での自治会やサークルの活動をそのままひきうつしたともとれそうな初期的な取り組みから、どうすることによって深川西高の教育そのものとして定着することができるか、教師、生徒、父母のものとすることができるのか、そのことに課題があった。」

前章でも述べたが、全国の新制高校がそうであったように深川高校においても、上級生から下級生への暴力、恐喝、ゆすり、たかりが横行し、被害者は泣き寝入りして教師も見ないふりをしていた。同時に教師からの生徒への体罰も繰り返され、戦前戦中の軍隊式暴力が教育の名のもとに学校内に持ち込まれていた。

一九五〇年五月一〇日、深川高校に生徒会が発足してその雰囲気が少し変わった。「新しい我等の深高に、生徒自らの創意によって輝ける生徒会の発足をみるに至った。これは、民主主義社会のもとでは必然的に起り得る機運であると思ひます」(「鈴木生徒会長声明」『深高新聞』第一号、一九五〇年六月二五日)と民主主義社会の雰囲気の中で生徒会が発足し、ホームルームを基本にした生徒会会則が成立して、学校内の問題はホームルームの話し合いによって民主主義的に解決することが生徒全体の合意となりつつあった。

そうした機運の中で、一九五三年、教師が二年生の生徒を殴打する事件が起こった。生徒はクラスの代議員であったが、定例の代議員会の日に体調をこわし、代理出席をホームルーム長に依頼して早退した。ホームルーム長は承諾したが、あとでクラブの用件があることに気づきクラブを優先させて代議員会への代理出席をせず、欠席の理由の説明もしなかった。生徒会担当の教師は連絡なしの無断欠席に激怒し、翌日、代議員であった生徒を呼び出して質したが、生徒の弁明を許さず怒りに任せて生徒を殴打した。これまでであれば、教師が生徒を殴打することなどは日常茶飯で問題にもされなかったが、生徒の中では生徒会が発足して民主主義的なルールをつくり、問題は話し合いで解決しようとする雰囲気が醸成されていて、今回の教師の暴力は問題とされざるを得なかった。殴打された生徒は、泣き寝入りすることなく、その不当性を訴え続けた。彼が所属するホームルームは彼の意見を聞き討議を尽くして、殴打した教師に謝罪を求める決議を行った。結果はその教師がホームルームへ来て、簡単に謝ってしまったのでその討議はそれ以上には深まらず終わってしまった。

しかし、翌年、その教師はまたしても生徒に暴力をふるった。これに生徒たちは一斉に怒りの声を挙げた。特に前年にその教師が自らの暴力を謝罪していることを知っていた三年生にとっては看過できることではなかった。三年生は受験・卒業を控えた時ではあったが、全学的なホームルーム討議を開始し、一九五四年二月一八日、暴力問題での生徒大会を開催するまでに討議を深めた。この大会は、寒さの厳しい時であったが、火の気のない体育館で三時間以上にも及ぶ熱心な討議が行われて、暴力追放の大キャンペーン運動が決議された。その様子を『深川西高新聞』が次のように報じた。

**学園から暴力を駆逐しよう　生徒大会開かる**

昨年来、幾度か問題になりながら、いつもうやむやのうちに終わって来た生徒間（主に三年生の一部が一、二年生に対する）の暴力問題が、この三学期に入ってから、急に増加し、その解決を要求する声が代議員会にもち込まれた。あらためて検討するまでもなく、それらの行為は極悪なものであり、高校生としてというより一個の人間として行うべきものではないことである。しかし、その絶滅の方法については多くの問題があり、代議員会では、全生徒の討議により、それを解決しようということに決定した。又、これに付随して先生の生徒に対する同様の問題も同時に生徒大会で取り上げられることになった。

かくて、去る二月十八日、全生徒の出席による生徒大会が、十二時半から四時近くまで開催されたのである。

相当の寒さにかかわらず活発な討議が行われ、「暴力はいかなる理由があろうと行使すべきではない」との結論が、満場一致で確認され、この結論を具体化する方法については、各ホームルームで再度討議し、代議員会で正《ママ》案を得るよう努力することになった。又、学校に対しても、生徒大会の結論を伝え、この問題に対するはっきりした措置を強く要請すると共に、生徒会への協力をお願いすることになった。

今後の問題　まず生徒大会の決議に基づいて、今後暴力行為が、生じないようにするため適切な措置が各ホームルームで討議されるわけだが、その結果作り上げられるものが、生活委員会の一機関として発足するか、監査委員会の一業務としてとり上げられるか、あるいは又、独立の風紀委員会が誕生するかは不明であるが、いずれにせよ、かつての弾劾委員会の轍をふまないような、ガッチリとした行動性のあるものをつくることが必要だ。

次にわれわれの一人々々が、強い勇気をもってこの問題に当ることが必要だ。今回の場合も、仕返しを恐れて被害者がなかなか話さないということがあったように聞く。われわれはそのような暴力行為を受けた場合には、ちゅうちょせず、友人や級友や先生に話し皆で協力して解決するという態度をとることが必要だ。

自分だけで解決しようとすることは、何時の間にか、自分も彼等の仲間に引き入れられることにもなり、ひいては問題を温存することにもなりかねない。

第三に、先生方にも、もっと積極的な解決法を講じてもらうことだ。そのような問題が生じたときは、よく両方の生徒の意見を聞き、相談に応じ、建設的な解決策を講じていただきたい。そして、生徒と先生とが一体となって、この問題にとり組むことが、学園から暴力を絶滅させる最良の策と考えられよう。

（『深川西高新聞』第四号、一九五四年三月一日）

この記事では、きっかけになった教師の暴力については強調せず付随的な問題としてとりあげているが、この暴力追放大キャンペーンの契機となったのは前年の教師による生徒への暴力であり、教師はその行為を反省したにもかかわらずまたしても生徒に暴力をふるったことへの怒りであったことは明確である。「暴力はいかなる理由があろうと行使すべきではない」ことを決議し、学校に対して、「生徒大会の結論を伝え、この問題に対するはっきりした措置を強く要請すると共に、生徒会への協力をお願いすることになった」として要請を行っているが、ここでは、はっきりと生徒間の暴力は勿論のこと、教師による暴力もいかなる理由があろうとも一切許さないとの強い意思が表明されている。

職員会議はこの決議を受けて、生徒会の要請に従って議論を開始した。この議論の内容については、私たちの知れるところではないが、当時を追想した宮武の記録があるので紹介する。

「職員会議つまり協議会では、民主主義的な市民になるための訓練の手だてとして、体罰に至るとは、生徒から見ても、二律背反する矛盾であり、育成は学校教育法が示すところに遵えば、体罰は戒めの最たるものとしており、暴力による抑圧は、指導上の手段としても低俗で無益有害であるにとどまらない。暴力が教師の持つ権威を裏打ちしているもののように錯誤する習性化が、日常茶飯に横行する現象は、結句教育が持つ権威を失墜せしめる素因であることを明らかにする要があった。拙速を尊んで拙劣を撰んだのは、事情に耳を傾ける労を惜しんで省略するところから起った。沮喪を打ち消すためにも、生徒の前には、事の経緯と失態に至った原因を報告するとともに、教師

Tが頭を垂れ、Oには謝罪するところから起して、真摯は必ずや教育に生命と血の通いを生むに至る筈であること。これを全職員が銘とすることなくして、生徒に目を向けられないのではなかろうか。職員会議は、激論二夜を費やして、漸く一応の収束をみた。転換点ともなった記念すべき会議であり、耀しい教育の序幕ではあった。」

（宮武、前掲書）

この文章から二名の教師が生徒に対して体罰をふるったことを職員会議で議論し、生徒に事実経過を報告し、反省と生徒への謝罪が決められたことがわかる。三島が深川を去った後の深川西高における学園の民主化、自由と平和を求める学園づくりへ挑む生徒と教師の並々ならぬ思想闘争と実践が読みとれる。確かに三島が示した「処罰の撤廃」は深川西高の生徒と教師の目標とはなり得たが、それを実践して実際に学園生活の中に定着させるのは容易ではなく、学園の中で自らのものとするための厳しい相互批判が必要であった。

『深川西高新聞』第四号は、生徒大会で暴力追放の決議をあげて、その具体的な措置についてはこれからの議論になるが、その措置がどのようなものになるかはわからないとしたうえで「かつての弾劾委員会の轍をふまないような、ガッチリとした行動性のあるものをつくることが必要だ」と指摘している。

「かつての弾劾委員会の轍」とは何なのか。これは前でも少し触れたが、一九五〇年四月、深川高等学校と深川女子高等学校が合併して男女共学の深川高等学校として新たに出発したあと、まだ戦前、戦中の旧制中学校の慣習から抜け切れずに、上級生から下級生への暴力、教師による生徒への体罰が横行していた。三島が校長として赴任してきて「処罰の撤廃」を提起し、生徒会もこれに応じて、一九五一年には暴力批判の大キャンペーン運動が取り組まれて生徒会会則に弾劾規定が盛り込まれた。この弾劾規定は一九五二年六月の代議員会で具体化され、弾劾委員会が提起され、委員会が構成されたが実際に活用されることはなかった。三島が提起した「処罰の撤廃」と生徒による自治の意味が、まだ生徒や教師には十分に理解されていなかった。一九五四年、再び生徒によって暴力追放の運動が取り組まれた時に、この「轍」を踏むなという提起が生徒の側からなされたことの意義は大きい。

この暴力追放運動では、「いかなる暴力も許さない」ことを決議するとともに、それを実現するための具体的な措置が講ぜられなければならなかった。その具体化については全学のホームルーム討議に委ねられたが、具体的な案は簡単には出てこなかった。しかしながら、『深川西高新聞』第四号が「生活委員会の一機関として発足するか、監査委員会の一業務としてとり上げられるか、あるいは又、独立の風紀委員会が誕生するかは不明であるが」と示唆していたように、暴力問題を正面から受け止めてその解決をはかり、学校生活の秩序を維持する仕事を任務とする機関の創設が求められていた。生徒会会則の弾劾規定が生かせるような機関を生徒会の中に置くことが本部役員と生徒会顧問によって検討された。そこで作成された案がホームルームに提起され討議されて、代議員会の決定をもって一九五四年五月、生徒会の一委員会として「秩序維持委員会」が発足した。

秩序維持委員会は、一切の暴力を追放し、民主的で健康明朗な学生生活を築くことを目的に設置され、生徒が学校内外で起こす暴力、飲酒、喫煙など秩序を乱す行為については、学校が一方的に退学や停学などの処分を下すのではなく、生徒自身の手で問題をとり上げ、全学の討議で問題を解決する方向を探ることが役割とされた。秩序維持委員会は、自分たちの問題は自分たちの手で解決する深川西高の自治を形成する支柱となった。

こうした生徒会の組織体制を整えながら「自由の学園」をめざして生徒と教師が一体となって動き出した時に、それを潰そうとする勢力によって「あゆみ会事件」が謀略的に引き起こされる。生徒と教師は父母、地域の人たちの理解を得ながら深川西高の教育を守りぬくたたかいに勝利するのであるが、この要因はそれまでに作られた深川西高の教育体制の基盤となった教師集団、職場の団結であった。三島校長が去ったあと、岡部教頭を中心にして職員会議で忌憚のない話し合いを繰り返しながら、教師が自らの意志で積極的に校務に携わるための「希望制と公選制」を基調とした職場の民主主義をつくり上げたのである。また、生徒の中にも、生徒会の委員会として「秩序維持委員会」が創設されて生徒の問題は生徒会が自らの話し合いで解決する仕組みをつくり上げていた。教師の職場の民主化と生徒の自治の獲得は「あゆみ会事件」発生の時はまだ未完成であってつぼみの状態にあったが、このつぼみは、「あゆみ会事件」のたたかいを通して大きく開花したのである。

# V 深川西高＝「自由の学園」の教育と学園生活

## ―深川西高の自由、自治、民主主義、仲間―

「あゆみ会事件」後、深川西高の生徒と教師たちは勉学、クラブ活動、生徒会活動、課外活動に全力で取り組んだ。その根底には、学校の問題は生徒が主体となって話し合いで解決する自治と「一人はみんなのために、みんなは一人のために」を合言葉にした連帯の精神があった。この深川西高の教育は地域でも評価され、新聞にとり上げられるほどであった。

## 「自由の学園」誇る高校生　注目される深川西高
### 生徒自身で暴力追放事件処理に全員が討議

雨竜郡深川町の深川西高校の生徒たちは、自分たちの学校を「自由の学園」と呼び、それを誇りにしている。というのは生徒たちの手で作っている生活指導組織が大きな効果をあげ、学校から暴力など悪い行ないを追放するのに成功したからだ。

この学校の生徒会に、すべての暴力行為を追放し、民主的で健康明朗な学生生活を築くため「秩序維持委員会」ができたのは二十九年五月。生徒会の秩序を乱した者には①委員会には反省状を提出する②全校生の前で謝罪する③学校に停学を含む処分を要請するなどの規則もつくられた。

三年ほど前まで、この委員会は周囲の高校の先生たちから「未完成な生徒にさばかせるとはもってのほかだ」と攻撃された。しかし、ほかの学校では相変わらず悪いことをする生徒がふえているのに、同校では委員会が生徒会活動の重要な要素となるにつれて、校内での暴力、喫煙がほとんど追放されたため攻撃や非難は称賛に変わってきた。

秩序維持委員会がどう働いているか、例を上げて見ると——

この春、転入後まだ日も浅い二年生Sが同学年の生徒をたたいた事件が三年ぶりに起った。理由は顔をじろじろ見たからという単純なもの。すぐ学級の秩序維持委員会に連絡され、放課後に二年生の委員会が開かれ、翌日には委員会で事実を整理し、全校各学級で討議が始まった。全校集会で解決するまでの二十二日間に、各学級とくに二年では述べ二十時間をこえる討議が行なわれ、委員会が六回、拡大委員会二回、合同会議が二回開かれた。

こんなに時間がかかったのは、たんに事件を処理するだけではなく、生徒会を軸とした団結、個々にひそむ暴力肯定、友情論など本質的な問題にふれていったからだという。

こうして全員が討議に参加、「暴力は悪い」と簡単に処理してしまうのではなく、いろいろの角度から見て行く。もちろん教師は、全体が発言できるようになっているか、中核になる正義派が育っているか、一部の者におさえられていないかなどをよくつかんで側面から討議を助けてゆく。

この事件は全生徒の意見の一致で、Sと事件後被害者をおどかした二人は全校謝罪、まわりにいて止めなかった三人は委員会に反省状を提出することに決まった。謝罪は全生徒の見守る中で整然と行われてヤジ一つ飛ばない。委員会から解決への経過説明、処分の理由が述べられ、続いて加害者の反省、学級代表による討議の経過とその学級の態度説明、最後に生徒会長から生徒会としてなぜ大きく取り組んだか、こんごのどんな点に基礎を置いて生徒活動を続けるかが力説された。

この事件が片づいたあと、生徒たちに討議づかれが見られたことと、問題になった生徒たちを学級にとけ込ませる目的から、学級活動が盛んに行なわれた。ある学級では日曜日を利用して近くの山や川にハイキングが、またある学級では文集づくりがはじまった。しかしとくに大きな展開は学校をコーラスで包もうという運動で、それからしばらくは学校の前庭や中庭は歌声でいっぱいになったという。

生徒指導を担当している金倉義慧先生は「委員が警察官的になるとか、密告する、警戒し合うなどはじめいろいろ問題はあったが、まず生徒の間の信頼感を育てはじめたのが良かった。これからは社会や他校生徒の関係で、例えばおとなに無理に酒を飲まされたなどの問題とどう取組むかが課題だ」といっている。

（『朝日新聞』道内版、一九六二年一一月七日付）

暴力等の問題を生徒が自らの手で解決し、こうした問題を二度と起こさないように生徒集会で意思統一をして、生徒間の団結を深めるための秩序維持委員会の活動、ホームルーム討議、クラス活動、コーラス運動、ハイキングに取り組む姿が紹介されている。こうした生徒のとり組みは当時の高校にあっては稀なことであった。

この章では、「あゆみ会事件」後、「一人はみんなのために、みんなは一人のために」を合言葉にして、真実と平和を求め、自治と自由の学園を創りあげようとした深川西高の民主教育の状況について記録する。「あゆみ会事件」の後、深川西高の民主教育は紆余曲折を経ながらも地域の中に根付き、開花してゆく。周辺の高校にも影響を与えながら、深川西高は生徒自身が「自由の学園」を誇りにして、その名に恥じない学園づくりを志向し、学園生活の中で、仲間の中で一人ひとりが成長した。その内容について、当時の生徒が残した記録でふり返り、跡づけることとする。

## 1　ホームルーム討議

深川西高の「自由」を語るとき、必ず持ち出されるのは秩序維持委員会とホームルーム討議である。秩序維持委員会は、生徒の問題は学校＝教師の処分に任せるのではなく、生徒自らの手で解決することを目的に作られた生徒会の常設委員会である。問題が生じた時、秩序維持委員会はその経緯を調査し当事者にも十分に話を聞いて、問題の概要をまとめ、秩序維持委員がそれぞれのホームルームで報告をする。各ホームルームではその問題の根本的な要因、対処方法、二度と起こさないための方策、当事者たちへの処分等が話し合われる。その結果を秩序維持委員会で集約して全校の方針が決定される。

「自由」は自治が行われて初めて獲得できる。深川西高では自治の基礎単位がホームルームであり、そこでの討議が民主主義を確かなものにし仲間の団結を強める。ホームルーム討議は深川西高の基本であり、「自由の学園」はこれによって支えられてきた。

ホームルーム討議のテーマは、秩序維持委員会からの問題提起だけではない。席替えやグループ結成、遠足の行き先、コーラス大会の選曲などどんな些細なことでも討議によって決定した。夜遅くなっても、試験や大学受験、卒業が間近に迫っていてもホームルーム討議は続けられた。当然、そんな討議に反発する者も出てくる。そうすると今度はそのことが問題とされて討議のテーマになった。

実際に討議がどのように展開されて、生徒はどんな思いで参加していたのかを見てみよう。

「連日、放課後討論会となる。「なぜ喫煙したのか」等の問題提起である。青春盛りなり期、「社会への抵抗」等々、「私もタバコを喫煙したことがあります。」等々、様々な理由が挙げられた。放課後七時、八時まで、いささかくたびれたが、のんぽり《ママ》派も、いつしかクラスメートの発言に傾聴し、一人一人胸の奥から吐き語り合い、本音をさらけた。「青春懺悔」と「社会への矛盾」を語り合い、各人親密度が増したことが、今も懐古となり、語り合う意義を教えられたと今は感謝している。」

（F（高一〇期一九五八年卒）「郷愁」『六〇周年記念誌』）

「私は一年の時、はいってすぐでしたが学習グループを作る討議をしました。もちろん何のために作るのかわからない私でしたからあてられてもだまりこくっていました。そしてまた、上級生の暴力問題が起きて討議をしました。暴力は悪いと思いましたが、なぜこんな問題が起きるのか、まったくわかりませんでした。でもそうして三時間も四時間も討議した後は、何か言葉にあらわせない充実感をおぼえたものでした。学生時代の視野の狭さを悔いてもしかたありませんが、でも今の私の物の見方・考え方の基礎を教えてくれたのは、まちがいなく西高の教育でした。本当の人間の教育でした……。〔中略〕。西高の合言葉は、はっきりおぼえています。「みんなは一人の為に、一人はみんなの為に」これがどんなにか大切なことであり、もっとも人間的であるかという事、生きた教育はここから生まれてくるのです。学問は一生かかってやるもの。人類の発展のためにやるものと信じて働きながら暇をみて勉強している私です」

〔H（高一七期一九六五年卒）「『自由の学園』と私」『凍原に生きる』第三号、一九六七年三月〕

「ある先生の教育態度について生徒から不満が起こった。この不満の結果ある生徒が不正な試験行為を起《ママ》した。これをめぐって先生と生徒の間で激しい討論が行われた。クラス全員が涙を流して抗議した程であった。不正な行為をした生徒をめぐって、先生は自己の教育態度について反省し、我々もまた、このような生徒が出たのは我々にも責任があったためだし、仲間がそれぞれバラバラな気持であったからだと反省した。」

（N（高一五期一九六三年卒）「民主教育の価値」同上書）

「一年の終り近くに、級友Kが一週間位学校に来なかった。心配しているうちに、どうやら家出したらしいとの話しが伝わって来た。僕たちはH・R討議を行った。Kが出てきていないので先生から詳しく話を聞き、また質問を行ったりしていく中でKが家出をしたのは、家庭に問題があったということと、学校に来ても友達がいなかったからではないかという事をつかんでいった。そして、Kのことは、クラスの問題を考えていく中で問題にされるべきではないか、という事になってクラスの中の問題がつぎつぎと出されていった。そして結局、クラスがバラバラである事、それ故、一人ぼっちでいる人がいるということになった。それらの原因を考えていく中から、KにぜひH・R討議に参加してもらって、少しずつでもクラスをもっと楽しいものにしようと決意した。Kが来た時、僕たちは一人一人、自分への反省とこれからの決意を含めて彼に激励の言葉を与えた。それは一般にあるような、飾り言葉では決してなかったと確信する。決してきれいな言葉ではないけれど一人一人が真剣に考えた結果、出てきた言葉だった。その後もクラスのことについて話し合った。〔中略〕実際には決してスラスラとうまくはいかなかった。期末試験を間近に控えていることや、討議への参加をいやがる人たちもいて初めはメチャクチャで方向さえもつかめなかった。しかしそれでも捨てる事は決して出来ないと運営委員会で話し合い、個人的に話しを行ったりして行き、つまずき、つまずきつつも夜七時、八時までと一応その日のしめくくりがつくまで根気よく話し合って行く中で初めてみんながやろうという気持ちを持ったのであった。」

（H（高一八期一九六六年卒）「忘れ得ぬこと」同上書、第一号、一九六六年八月）

少し長くなったが、ホームルーム討議の実際を当時の生徒の回想を紹介しながら見てきた。夜、七時、八時までホームルーム討議が行われ、時間がたつほどに真剣さが増して、クラスの一人ひとりが本音で語りだした。一人の仲間の問題をクラス全員の問題として捉えられるまで討議を深める。徹底した相互批判が相互理解を育み、生徒たちの仲間意識を強めていく。ホームルーム討議を通して「一人はみんなのために、みんなは一人のために」の大切さを学び、自分の生き方を決めることができたとまで言い切っている。

このホームルーム討議は、生徒と教師の関係をも新しいものに変えた。生徒は教師の授業の方法や授業に臨む姿勢を率直に批判し、教師は批判に応じて授業に臨む姿勢を改めた。生徒の側も授業を受ける態度を反省し、教師と生徒が対等の立場で協力して授業を作りあげる新しい関係を生み出した。

しかし、すべてがこのようにうまく進んだ訳ではない。

「「討議をするぞー」とどなるように言うと、不平まじりのため息があちこちからもれた。議題は、クラスにタバコをのんでいる者が一人いるということについて。討議はなかなか進展しない。早く帰って受験勉強をしたいと考えている者、外のバレーコートを熱心に見ている者、などなど。心はちりちりばらばらだ。議長や秩序維持委員などが何度も発言し、努力するが、なかなか集中しない。問題になっている本人もうつむきかげんに下を向いているが、何を考えているのか一向に煮え切らない態度でいる。」

（北名照美（高一四期一九六二年卒）「一歩前進—ある日のクラス討論から—」同上書、第一号）

最初はいやいやながら始まるホームルーム討議も、時間が経過して蛍光灯の灯が明るさを増す頃から徐々に真剣になり熱を帯びてくる。やがて問題の本質に入って、問題を起こした当事者に厳しい批判がむけられるが、それはただ本人が悪いのではなく彼をそこにまで追いやっていたクラスの問題でもあり、一人の個別の問題がクラス全体の問題として認識された。

「討論が少しずつ活発になりだしたのは、外が暗くなりかけてからだった。教室の蛍光灯がつけられる頃になると、みんなの眼は議長の方にと注がれた。頭は徐々にこの問題を考えるようになっていった。はじめ指名されてポツポツと話していたのが、挙手をして発言し出した。「なぜ?」「どこで？」「どう思っているか？」に始まって、彼に対する痛烈な批判が続出した。〔中略〕厳しい追及にはじめはふてくされたように答えた彼が、やがて友達がいないこと、タバコを何度かやめようと努力したがやめられなかったこと、家のことなどを話し出した。〔中略〕クラスのみんなが真剣に彼のことを考えた。そして討議はさらにクラスの団結の問題へと発展していった。討論が終わるころ、彼に対する見方はまるで変っていた。彼もまた大切な仲間なのだ。一緒に手をつないでやって行こう。そう心の中で思った。みんなはほのぼのとした感動を味わっていた。一人ひとりの気持ちがまたグンと近づいたような気がした。」

（北名、同上書）

一人の仲間も見放さない、みんな仲間なのだという意識がクラスの中に定着し、「一人はみんなのために、みんなは一人のために」の精神が一人ひとりの生徒に浸透することがホームルーム討議の成果であった。

ホームルーム討議は深川西高教育の根幹をなすものであり、出発点である。これがあるから深川西高は生徒の自治を確立して自由を獲得することができたといえる。深川西高＝「自由の学園」の原点はホームルーム討議にあった。

## 2　H・R日誌

深川西高の生徒の日常生活は『H・R日誌』に残されている。いつ頃から始まったのかはわからないが、私が在学した時には存在していた。今、私の手元にあるのは一九六三年度三年二組のものと一九六四年度三年一組のものである。

『H・R日誌』は全クラスに置かれていて毎日、日直当番の者が記すことが義務付けられていたが、クラスの者が自由に書くこともできた。『H・R日誌』の記入項目は、「日付、天候、記載者氏名〔当番の者〕、欠席者、早退・遅刻者」の欄があって、「H・R伝達事項、校内行事のことなど」、「学習活動、H・R生活、校内生活及社会に対する感想や意見など」、「映画、雑誌、小説などに対する感想や意見など」、そして最後に教師が記録する「H・R・T〔教師〕の所感」となっている。

『H・R日誌』には、授業中の態度や掃除の仕方等についてが多く記録されているがそればかりではなく、公労協のストライキや日韓会談、佐藤内閣成立等の政治問題や、時には本や映画の感想、利尻島と幌加内の大火への義援物資や義援金の呼びかけも行われ、当時の時代が反映されている。

一九六三年度三年二組のものは、クラスの者が自由に書いている。授業での教師の教え方への注文であったり、時事問題、読んだ本の感想、見た映画の感想など多彩である。例えば、映画の感想としてつぎのようなものがある。

「僕は映画館の息子だから三日に一回は映画を見れる《ママ》、というより自分で写すから見れるのだが、こんなに映画を見るといやけがさすが、先日、大映映画、若尾文子、田宮二郎主演「その夜は忘れない」を見た。広島の原爆の為に体がやけただれて顔だけ助かった美女が好きになった人と結婚する事も出来ず死んで行くのだったが、我々ももっと原爆の恐ろしさを知らなくてはならない。」

この映画は吉村公三郎監督の作品で一九六二年に制作された、広島の原爆をテーマにした社会派ドラマである。出演者の割に内容は地味な映画であった。映画館の息子で映写の仕事を手伝いながら毎日映画を見ているためか、こうした地味な映画にも良さを見出して『H・R日誌』に感想を書いて仲間に推薦している。

『H・R日誌』には生徒の意見が自由に書かれるが、同時に担任の教師の意見も毎日記される。掃除の仕方や学習に臨む態度が悪いなど、一般的な指導上の苦言も呈しているが、それ以上に深川西高の教師たちは、生徒と対等の立場で真正面から生徒たちと向き合っている。

生徒「昨日の話し合いで感じたことがあるが、我々の担任の先生は少ししゃべりすぎると思う。先生は我々の中に先生の言うような意見を持った者は全くいないと思っているのだろうか。それでなんでもかんでもあんなにうるさく言うのだろうか。先生の言うような意見は時間がたてば出てくるものだ。先生があまり早く、それこそすかさず言い出すものだから、言い出せない生徒もいることを先生は知ってほしい。」

教師「上記の意見、我儘勝手な意見ではないか。先生も生徒もH・Rでは同じように自由の発言が許される学校と心得ていたがこれではうっかり物も言えない。このクラスでは発言する生徒が限られているし、それに常に妥当な意見が最後になって出た例も甚だ少ない。少し考えてみよう。」

補習授業の費用について

生徒「補習をやることはいいが、三年生全員から月一〇〇〜二〇〇〇円の金額を取っている。受けているものは良いとしてもクラブ、同好会、その他の都合で参加することの出来ないものが相当いる。また、参加しているのもごく少数である。それでも当たり前の金額を取っている。受けてないものにとっては大きな痛手である。三年全員からとる月一〇〇〜二〇〇〇円の金額はどのように使われているのか。出来ることなら参加者だけからとってほしい。また、安く出来ないだろうか。

（労働者の息子）」

教師「補習関係の予算（正式には進路委員会予算）の結果は、年度末に詳細を報告することになっている。一〇〇円と補習を結びつけてしまうのは、予算の内容を良く知らない結果だと思う。みんなの進路決定は補習だけでなされるのではなく、就職開拓、模擬試験等一切の活動が含まれている。昨日の筆者。「労働者の息子」氏は、そう名乗るならば、もう少し予算の内容を詳しく知ろうとしてほしい。」

生徒が「労働者の息子」と名乗ったからには、無責任な言動を慎むべきであると教示して、労働者についていい加減な捉え方は許さないと厳しい姿勢で生徒と向き合っている。

「白鳥事件*」の最高裁判決で、上告が棄却され村上国治氏の実刑が決まった日の『H・R日誌』への生徒の感想。

「・憲法第三八条に「強制、拷問若しくは脅迫による自白又は不当に長く抑留若しくは拘禁された後の自白は、これを証拠とすることができない」と明記されています。村上さん自身は私がやりましたとは自白していません。他人の自白ですし、その自白も何年間か牢屋に入った中で、しかも面会、差し入れ、手紙、一切禁止されていた中での自白です。

・証拠の弾丸が二年間も土中にうずもれていたにもかかわらず、見つけた警察が何かピカピカ光るものがあるので掘ってみたら弾丸だったとはなかなかしゃれている。
・よしのぶちゃん、草加次郎などの凶悪犯人はさっぱりつかめないのにもかかわらず、犯人でないかはわからない人をとらえるのはうまい日本の警察はなかなかのもの。」

これに対する、教師の意見。

「上記の感想はもう少し慎重に考え直して見る必要がある。真実は只一つ。公正な最高裁の判決をよく吟味してみよう。」（一九六三年一〇月一八日）

教師の意見は迫力に欠ける。これでは生徒は黙らない。翌日に別の生徒が意見を書く。

「臨時国会が開かれている。「所得倍増おとこ」でその名を売る池田首相の例のごとくの高慢な演説が聞かれた。「経済政策は国民に大きな希望と信頼を与えている」と。しかし、我々はだれ一人として彼の経済政策を信頼できない。この物価の値上がりは……。すると首相は言う「長い目で見なさい」と。また、「日本経済は活気的《ママ》な向上をつづけている。国民の実質平均所得は確実に上がっている」と。しかし、物価の高騰に我々の実質所得が何ら向上していないのはあきらかである。向上は平均所得なのである。つまり、一部独占資本家の腹ばかり成長していることを意味する。〔中略〕では国民のための政治をしない彼らがなぜ当選するのか。我々は無意識のうちに支配者に服従する習慣を持っている。「お上のすることに間違いはない」として我々は自分の限界にのみとどまって、支配者の誤りを正そうとしない。それは孔子の時代から教えられてきた。儒教的封建思想のなごりである。現在の日本人にはあまりにもそうした考え方が多いのではないか。政府は巧みにそれを利用するのである。口先でうまい口実を並べたて、我々をだまして当選する。そして国民大半の盲目的信頼をいいことに搾取に搾取を重ねる。それが今の国会演説だと思う。〔中略〕ジュリアス・ローゼンバーグの「愛は死をこえて」、マリーナ・セレーニの「よろこびは死をこえて」、ゴーリキーの「母」、オストロフスキーの「鋼鉄はいかにきたえられたか」、その他多くの真実の本を読んでみるといい。そこには人間の正しい生き方、すばらしい情熱的な生き方が描かれている。そして、人間的に生きようとする時に、ふりかかる支配者の弾圧。我々はそれに強い憤りの心をおこさずにいられない。しかし、それに雄々しく立ち向かう彼等こそ人間そのものだと感じられる。〔中略〕昨日の「白鳥事件」への感想を読んで、それを言わずにはいれなかった。」

これに対する教師の所感。

「今日の筆者の意見興味深く読んだ。為政者に対する辛らつな批判は中々手厳しい。日本の現在の矛盾だらけの政治のあり方はどのように誰が解決し常に欲求不満の吾が国民を満足させ、納得させて呉れるのであろうか。勿論、国民全部の責任ではあるが、どこに手がかりをつけたらよいのであろうか。政治は政治に対するより強い国民の関心と積極的な努力による外はない。理想論だけではいけない。資本主義、社会主義の優劣は断じ難い問題をはらむ。戦後の日本が経済復興をなしとげた上に凡ゆる面に於いて戦前を凌駕して国民力を増大しつつある実態は今や世界の驚異である。昨年度の工業生産は世界第四位との報道がある（米・ソ・西独・日）。消費文化面に於いても米国に次ぐ偉大さを誇っている。必ずしもこれは日本人の幸福とは結びつかない迄も、吾が国は偉大な国である点に於いて疑いをはさむ余地は無い。日本人はもっともっと発展する力をもっている。卑屈なドレイ根性は捨てよう。僕は必ずしも資本主義を支持するわけではないが社会主義国家の非民主性、生産性の不振の実例を見せつけられ批判的になっている。今日はこれで……。」

教師の所感は、国民の中で支配的であった意見を率直に語っているが、生徒の方が批判力にあふれて、自分の言葉で政治を語ろうとしている。一部の者だけが豊かになる政治とそれを許している国民への怒り、それらを乗り越えて自分たちはどう生きるのかをストレートに語る生徒。若さがみなぎって正義感が前面に出ている熱い思いに、教師の方は現状を肯定することにとどまっている。だからと言って教師が悪いというのではない。ここで指摘しておきたいのは、教師は上からの目線で生徒を教育しようというのではなく、自分の考え、意見を生徒にむけて率直に、一生懸命に発していることである。対等の立場で議論しようとしている。教師も生徒に鍛えられているのだ。

『H・R日誌』からもう一つ指摘しておきたいことがある。当時の深川西高は二人担任制であった。一九五五年度から二人担任制になって以降、なぜか一九六八年度の一年間だけ一人担任制の時期があったが、その後、二人担任制に戻っている。二人担任制であるから『H・R日誌』のH・R・T所感欄には毎日どちらかの教師が所感を書くことになっていた。担任の二人の考え方が一致しているのが当然のように思うが、『H・R日誌』を良く読んでみると必ずしもそうではない。

例えば、すでにみたように「白鳥事件」の最高裁判決に批判的な生徒の感想に対して教師は、「公正な最高裁の判決をよく吟味して」、「もう少し慎重に考え直して見」ようと書いた。しかし、「白鳥事件」判決の一月前に「松川事件[**]」の最高裁判決が出たときの教師の所感欄には、もう一人の担任の教師が、

「松川事件の判決があった。手放しでは喜べない影がつきまとっているような気がする。真犯人

をめぐってのことだ。ジャーナリズムがどんなことを言うか。よく見つめたいものだ。一四年間の歳月を経て一応解決されたものだ。もう一度、われわれの歴史的位置づけを、この事件を中心にしたいくつかの事件も関連づけて眺めてみよう。」（一九六三年九月一二日）

と自分の思いを率直に述べている。全員に無罪判決が下されて、事件は終わったかのように見えるが真犯人をはじめ、その裏にある真実がまだ見えてこない。この問題は無罪で終わったとして片づけるのではなく、この時代のことをこれらの事件を関連づけながら歴史的視点を持って考えることが必要だと生徒たちに説いている。

それに対して、生徒は翌日の日誌でこう応える。

「松川事件の判決、全員無罪となる。昨日の所感に書かれてあった事を充分に考える必要があると思う。」

教師が自分の思いを生徒に語ったことが、そのままストレートに生徒に伝わり、生徒はそれを受けとめてこの問題に関心を持ち、考えてみたいと意志表示している。一月後の「白鳥事件」の生徒の感想への教師の所感とはかなり違っている。教師の所感は担任の二人のどちらかが任意で書いているが、それぞれの教師の思いや考え方が明瞭に表れていて、担任同士でも同じ意見ではないことがわかる。学校の方針とか教育上の方針は教師間での一致は必要で、それがないと生徒に混乱が生じるというのはわかるが、教師の一人の人間としての考え方や意見まで同じものでなければならないということはない。二人の担任の考え方や意見が異なることを生徒に示すことこそ、多様性を生徒に認識させることになり、生徒自身が自分の意見を持つことが大切だと考えることになる。

また、教師は自らの価値観を生徒にはっきりと示して、テレビや漫画などの周りからの風潮に生徒が同調するいい加減な態度を許さない厳しさも所感で書く。生徒がナチスのカギ十字を日誌に記して文章を書いたがそれに対しては、

「カギ十字に始まる文章など、冗談だとしてもやめてもらいたい。思い出すだにゾッとする。」

と厳しく指弾した。

同じように教師が自らの考え方を生徒に毅然と述べた例を紹介する。翌年の一九六四年度の三年一組の『H・R日誌』に、生徒が公労協のストライキに関して教師の意見を求めた。

「一七日（金）学力テストが行われるが、今、日本国では国労などが中心となり一七日に全国統一ストが行われようとしている。果たしてこのことについて先生方はどのように考えているのかな？　公共団体のストは憲法違反などと言っているけどどうか？」

この生徒の質問に対して、日誌の所感欄で教師の主張が明確に表明される。

「なんの権力も持たない労働者にとってはストライキこそ唯一の権利です。だからストライキをすることを政府によって規制されることは全くないのです。こんどのストが、もっとち密に準備され、全ての民主勢力が統一して国民的な形で行われること、そして、賃上げの要求だけではなく、日韓会談反対、ポラリス潜水艦寄港反対等の政治的課題を要求に掲げて、安保反対の国民運動のような形で行われることだと思います。それならきっと国民の多数に支持されるものになるでしょう。個人的な見解ですが、求められたので記しました。」

ここには深川西高の教師たちが、教育者である前に一人の人間であることを生徒たちに宣言して、生徒たちと対等に向き合おうとした姿勢が示されている。『H・R日誌』をとおして生徒同士、生徒と教師の人間と人間の対話が行われた。少し大げさと思われるかもしれないが、教師たちは自分のすべてを賭して生徒と向き合い、たたかっていたのかもしれない。『H・R日誌』にはもちろん、そうした緊張感ばかりではなく生徒と教師のホッとする対話も見られる。

生徒「〔一二月〕一五日に出たボーナス。担任の二人の先生方は何に使ったのかな?」
教師「○○先生〔女性〕の方はわかりませんが、私のボーナスはそっくりそのままワイフに渡しました。将来は君達も同じようになるでしょう。」

一九六五年度三年五組の『H・R日誌』の七月一日には、こんな記述も。

生徒「我々は昨日のコーラス大会で大敗をきっした。〔中略〕最下位の最大原因は教師の音痴がその所以である。故に先生は残り少ない髪を一本一本抜きとって我々クラスの教壇に供えるべきである。」
教師「抜きとる髪が少ないので御容赦下さい。音痴は本当で一〇年来少しずつ直す努力をしています。」

教師と生徒の間には何のバリアーもない。

＊ＧＨＱ占領下の一九四九年は下山・三鷹・松川など国鉄の労働問題にからんだ奇怪な事件が相次いでおこった。北海道でも一九五二年に、白鳥事件、根室本線でレールが爆破された芦別事件がおこった。これらには不可解な部分が多く、その裁判も長期間続いた。

「白鳥事件は、一九五二（昭和二七）年一月、当時の札幌市警白鳥警備課長が路上で拳銃によって射殺された事件である。この事件で共産党札幌地区委員長の村上国治が首謀者とされ、一審無期、二審二〇年の有罪判決を受け最高裁で確定するのだが、他人の自白のみで罪にされること、唯一の物証である弾丸が二年以上も山中の土壌に埋められていたのに腐食せずピカピカ光っていることなど、数々の疑問が出され、裁判やり直し、無罪判決を求める国民的運動が広がり、再審請求運動へと発展した」（木村尚俊他編『北海道の歴史６０話』三省堂、一九九六年）。

＊＊一九四九年八月一七日、東北本線松川駅近くで旅客列車が脱線転覆、乗務員三名が死亡する事件が起こり、国鉄と東芝の労組員二〇名が逮捕・起訴された。政府、資本による一〇〇万人をこえる首切り計画（ドッジ・プラン）とそれを阻止しようとする労働者のたたかいが高揚する中で引き起こされた権力犯罪であった。裁判所は一審、二審で死刑を含む有罪判決を下したが、警察・検察の自白の強要、証拠隠滅、偽証などが明らかになり、思想信条を越えた多くの市民が無罪を訴える運動に参加した。その結果、最高裁は一九六三年九月全員無罪の判決を下した。

## 3　グループ、サークル日誌

生徒会は集団学習や仲間づくりを促進するためにクラスに小単位のグループやサークルを作ることを学芸委員会が提起し、H・R討議でその目的、作る意義、方法、形態までを話し合って決めた。グループの場合はクラスの中をいくつかの班に分けて、それを単位にして作られた。気の合うもの同士やくじ引き、名簿順などクラスによってさまざまな形態があった。サークルは共通する関心事やテーマを決めてそれらについて勉強し合ったり、話し合ったりする任意の集まりとして作られた。グループ、サークルの目的は、クラスの団結を促すために小さな単位での仲間づくりを行うことにあった。作っても長続きせずすぐに解散するものも多かったが、中には一年生の時に作られたグループ、サークルが卒業までの三年間継続されたものもあった。

長く続いた二つの例を紹介する。

一つは、一九六四年入学の一年二組の「わらしっこ」と名付けられたサークルである。最初は、有志二二名が集まって読書サークルとして始められた。一冊の本を読んでそれをテーマに話し合いをすることを目的とした。サークルの日誌に、「土曜日の放課後、一時半から三時半まで『人間の運命』*について話しあった」ことが記されている。その後、このサークルは「わらしっこ」と名付けたサークルノートを準備して構成員の間を巡回させた。手元に回ってきたノートにメンバーが自由に思いを書いた。

Ａ５判サイズのノート六冊が合冊になって残されている。「昭和三九年一一月一四日」から書き始められて、最後の日付は「昭和四二年一二月七日」になっているが、これは昭和四一年の間違いであろう。一冊目がいっぱいになると新たに二冊目が合冊され、それが六冊目まで続けられた。ノートの上部に頁数がふられているが最後の頁数は二三五になっている。一年生の時はサークル内を巡回していたが、二年生になってクラス分けがありサークルメンバーがバラバラになると、サークルに所属していなかった旧一年二組のメンバーにもノートが回された。一年生の時は二二人のサークル構成員が固定していたのでノートが回る順番も決められていたが、二年生になってサークル以外の人にも回されるようになると、その順番は任意になって三年生の一二月まで継続された。

内容は、当時の高校生にありがちな友人のあだ名や足が長いの短いのとふざけた記述が多いが、それでも時には自分が読んだ本を紹介したり、政治問題、資本主義と社会主義、ベトナム戦争を論じたり、大学へ進学したいがそれが出来ない悔しさを吐露したりもしている。

このノートで行われた生徒たちの政治の議論を紹介する。

当時は、北朝鮮が「地上の楽園」と宣伝され、映画「チョンリマ　社会主義朝鮮の記録」

（監督・宮島義勇、一九六四年）が上映されたり、日本に在住していた朝鮮の人たちの帰国運動が始まるなど、北朝鮮への関心が高まっていた。そんな時に、朝鮮学校の生徒と交流会を行う企画があった。深川西高の生徒も何人かが参加した。そこに参加した生徒がその様子を日誌に書き込んだ。

「現在の〔北〕朝鮮が独自の力ですばらしい社会主義国を作っていることなどを聞きました。みんなが働き、みんなで話す。〝みんなは一人のために、一人はみんなのために〟という精神が真に浸透している。〔中略〕朝鮮学校の人たちは自分たちの祖国に誇りを持ち、首相《ママ》〔金日成〕を絶対的に尊敬していました。」

それに対して、他の生徒が意見を述べている。

「僕も朝鮮学校の人たちとの交流会に参加した。そこで感じたことは、まず第一に僕たちはあまりにも日本という国に対して愛国心のないこと。それに比べると彼らの祖国に対する愛国心はすごいものでした。社会主義の良いところなどを説明してくれましたが、僕はそれらをすべて本当のこととしては受け入れられませんでした。彼らはあまりにも一方的すぎるような気がしたのです。彼らがあのように誇張してものを考えるのは、朝鮮学校での教育が一方的だからなのではないだろうか。僕はまだ、社会主義と資本主義のどちらが良いか悪いかはわからない。しかし、周りの人たちが資本主義を鋭く批判して社会主義を良く言うのにはすごく抵抗を感じる。今の僕にはそうした機会がとっても多い。学校へ来て聞く先生の話、友達の話、そしてこの間のような会。資本主義に良い点はないのだろうか？社会主義には欠点はないのだろうか？社会主義とか資本主義とか言って騒ぐ前にもう少し両者について研究することが大切ではないだろうか。先入観や人の言うことに騙されないことが大切だと思う。」

この意見に続いて、もう一人の生徒が意見を書く。

「○○が朝鮮学校の生徒と話し合いをして感じたことを述べてあったが、俺はあの考えには賛成できない。俺は××の意見に賛成。国民全員がある目的にそって一緒に進んでいくのは素晴らしい。しかし、その事に犠牲になっている所の何か（それは物事を大きな目で見る事）。この犠牲は大きいと思う。かって日本が帝国主義だった頃、日本の国も国民が一体となってある目的に向かっていた。これと同じことと言えるのではないか。この紙面では書ききれないので一度話し合ってみようではないか？　○○に一言。西高の精神である〝一人はみんなのために、みんなは一人のために〟を社会主義のそれと結びつけるのは同じ西高生として反発を感じる。俺は資本主義、いや日本の資本主義を肯定している訳ではない。これだけは言っておく。」

アメリカの冷戦政策の下で、資本主義体制と社会主義体制がしのぎを削っていた時代を反映して、高校生も両体制への関心を高めていた。資本主義、社会主義をしっかり勉強して、他人の言うことに左右されずに自分の意見を確立することが大切であることや、国民が一つのことをめざして同じ方向に進むことに危険はないのかという、今でも私たちに突きつけられている問題を当時の生徒達は認識していた。自分の意見を表明しながら、相手の意見も十分に聞き、それでも足りなければ話し合いをしようと提起する姿勢をこの学校の生徒たちは持っていた。全体として、ふざけた記述も多いが、こうした政治や社会に関する真面目な記述があり、また、就職が決まったが、本当は大学へ進学したかった悩みを率直に吐露する記述も見られる。

しかし、「わらしっこ」に対する批判もあった。進級して新たなクラス編成が行われ、それぞれ所属するクラスがあるのに、いつまでも一年生の時のクラス仲間を引きずっていては二年生、三年生のクラスの仲間を形成するのに良くないのではないかとの批判である。日誌の中で「新しいクラスがあるのだからその仲間も大切にしなければならない。いつまでも一年二組ではないだろう」との懸念が表明されたが、一年二組の仲間は、クラスがバラバラになっても新たなクラスで仲間づくり、生徒会活動、クラス活動で中心を担っていた。一年二組の仲間づくりに確信がもてたから、それを二年生、三年生のクラスで展開することができたのであろう。

半世紀以上も経て、改めてこれらを読み返してみると、当時の高校生が置かれていた状況や彼らが何を考え、何に悩んでいたのかを知ることができる。「わらしっこ」は、一年生の時の仲間が卒業するまでの三年間、お互いに考えていることや悩み、思いを率直に述べあって、強い仲間意識をつくりあげた。

二つ目は、一九六五年度入学で二年生の時に作られた男性四人、女性二人の六人のグループ日誌である。A５判ノート二冊とB５判ノート四冊の計六冊が残されている。一九六六年八月一九日から書かれ、最初は六人の自己紹介から始まっている。メンバーが六人と固定されているために、前に見た「わらしっこ」のようなふざけた記述はあまりない。あとで読んだ人が赤ペンで書き入れているコメントには、書いた人への茶化しが少しは見受けられるが、総じて真面目に書かれている。二年生のクラスでくじ引きで決められたグループであったから、最初はお互いによそよそしく、少しぎくしゃくした感じがあったが、ノートを回しているうちに徐々にお互いの間のバリアーが除去され、三年生になってクラスが分かれてからの六人の結びつきは一層強くなって、学習のこと、クラスのこと、家庭のこと、進路のことなどが赤裸々に語られるようになった。一人ひとりが悩みながら進路を考え、その実現のためにみんなで励まし合い、支え合っていく姿が日誌の記述、行間ににじみ出ている。メンバーの一人は、一年生の時のグループ活動は成功せず、グループ学習もできずに解散してしまったと嘆いて、今回は不安をもちながらもうまくいくようにと願っていた。それが一年半も続いた。六冊のグループ日誌は、たまたま同じクラスになった生徒がくじ引きで偶然にグループを形成することになって、お互いを少しずつ知り、批判し合い、支え合って仲間意識を深めてゆく記録になっている。

上記の二例は、必ずしも十分であったとはいえないのかもしれないが、深川西高の仲間づくりの成果であることは確かであった。

＊ミハイル・ショーロフ『人間の運命』米川正夫、漆原隆子訳、一九六〇年、角川文庫。

## 4　コーラス大会

深川西高の生徒会行事の伝統を誇るものにコーラス大会がある。一九五七年二月二三日に始まったコーラス大会は形を変えながら現在も続いており、今では市民会館を会場として深川市のイベントにまでなっている。

「学校沿革誌」には「昭和三二年二月二三日　生徒会生活委員会主催　コーラスコンクール

〈音楽室〉一二時四五分～」と記録されている。「大会」となるのは翌年からである。会場が音楽室とあるが、音楽室には全校生徒が入れるだけのスペースはなかった。音楽室を会場にしてどのようにして行われたのであろうか。

コーラス大会の行事を取り組むことによって、クラスの結束力が強まり、学校の雰囲気が変わっていった。深川西高に入学して間もない一年生の生徒が、それまで下手で苦手だった歌がコーラス大会の練習で好きになり、卒業してからも歌い続けていることを文章にしている。

「悲しいかな私はひどい音痴です。〈中略〉〝コーラス〟絶望を感じました。「あーあ、せっかくここまでみんなと仲良くなれたのに……。歌だって。声が出るだろうか。たとえ出ても、音階なんてまるで知らない私が歌って、みんなの音を狂わせたらどうしよう。」と思うとすっかりユーウツになってしまいました。

私のそんなおもわくなど無頓着にして練習が始まりました。いやでしたが、サボる勇気もなかったから残って練習に参加しました。「歌わないのは私だけだろう」と思っていたら、とんでもない、指揮者を選ぶ時、選曲の時、そして練習が始まっても、集中ということが全く見られない、みんなの態度です。昼休み、二年生のあるクラスが中庭で練習をしていました。それがとても楽しそうで、二階の窓からのぞきこんでいるだけの私までが楽しくなる雰囲気を持っていました。しかし、クラスへ帰ったら失望だけでした。
ところが、発表が近くになったある日、ふと気が付いてみると、いつの間にかみんなの心は自然にタクトに集中しているのです。非常にうれしくなりました。〔中略〕当日背の低い私は最前列に立たされました。声が出なくてあせって、タクトがふられた後は、もう、どんな音を出したか覚えていません。ただ、口だけは間違いなく動かしていたように記憶しています。結果は〔一八クラス中〕一六位でした。〔中略〕笑わないで下さいね。私は今日も、半音ずれた声で、歌っています。明日も歌います。西高に感謝しています。」

〔M〔高一七期一九六五年卒〕「歌が好きになるまで」『凍原に生きる』第二号、一九六七年一月〕

卒業して三〇年以上たっても、コーラス大会で歌った曲を思い出し、この曲が流れると仲間を思い起こす人もいる。

「三年生の時は校内一の名指揮者、I君指導の下「グリーンスリーブズ」で優勝の栄にも輝いたことは忘れられないし、今もあの日の舞台が蘇ってきそうです。この曲が流れると不思議とクラスメートの一人一人が思い出されます。」

〔大賀久美子〔高一九期一九六七年卒〕「心の回帰点」『六〇周年記念誌』〕

コーラス大会の壇上に生徒に混じって歌う教師の姿がある。

「そしてコーラス大会。無論、曲の選択、指導、指揮は生徒であった。だが、壇上をよくみると生徒の中に先生が混って歌っているのであった。歌の効用は今更言う必要はあるまい。互いの心を結ぶ絆であり、日常、喜怒哀楽の情を共にしてこそコーラスも成り立つのである。これらの出来事は私の西高観を一遍に変えた。先生が生徒の指揮に従って歌う姿に私は感動せずには居られなかった。」

（無記名（高一五期一九六三年卒）「教育を支えるもの」前掲書、第二号）

私が入学した一九六四年にはコーラス大会が生徒会行事として定着していた。入学後、生徒一人ひとりが学校生活に慣れてクラス全体がまとまりだした頃にコーラス大会が開催された。この大会ではすべてのクラスが登場して一位から一八位までの順位を決めるのであるが、このコーラス大会で思い出として残っているのは、順位ではなく、昼休みや放課後の練習と、みんなで選曲をして、クラスの一人ひとりがどのようにしたら練習に参加できるかを話し合った情景であった。

コーラス大会があるからと言って、クラス全員がすぐに練習に集中できるわけではなかった。

指揮者の言うことを聞かずにおしゃべりをする者、声を出さずにしらけ切っている者、クラブを優先させたり、帰宅して練習に参加しない者などさまざまで、全員が参加するのは難しいことだった。そんな時はH・R討議が行われて、どうして練習に集中できないのか、なぜ練習に参加せずに帰ってしまうのか、厳しい相互批判が行われて全員が参加するにはどうしたら良いのかが話し合われた。そうして大会の日が近づくにつれて、徐々にクラス全員が練習に集中するようになった。これは一年生の時だけではなく、二年生になっても三年生になっても変わらなかった。同じ過ちを繰り返していたのだが、その度に話し合いが行われて違う団結が得られていた。クラスの構成員が変わっているのだからこの過ちは必然だったのかもしれない。

## 5　学校祭

学校祭はどこの高校でもメインの生徒会行事として全学をあげて取り組まれた。生徒たちにとっては日常の高校生活と生徒の団結を表現する絶好の機会であった。深川西高も例外ではなく、生徒たちは学校祭に全力で取り組んだ。

深川西高の学校祭は第一回が一九五〇年九月三〇日から一〇月三日までの四日間行われ、一〇月四日に学校祭後かたづけ、閉会式とあるから実質は五日間にわたって行われた。第二回は一九五一年九月九日に前夜祭が行われ、九月一四日までの六日間行われている（一四日に開催予定の大運動会は雨で延期され一八日に行われた）。私たちの時は、前夜祭を含めて四日間の開催であったが、これは第三回の一九五二年から第三七回一九八六年まで続き、第三八回一九八七年からは三日間になる。深川西高のホームページによると現在は二日間になっている。

学校祭は、前夜祭での行灯行列で幕を開ける。クラスごとにテーマを決めて作った行灯を担ぎ、高校から深川駅までの約二キロの道を練り歩いて、市民に行灯でそれぞれのクラスの主張をアッピールした。駅前広場で一～三年生の縦割り連合クラス（一～六組）のエール交換、市民への学校祭開催の宣伝を行い、再び行灯を担いで学校まで戻る。

グラウンドの中央には木を組んで燃え上がらせたファイア・ストームが準備され、その炎の周りを各クラスが行灯を担いで回り、一周したところで行灯を投げ入れる。紙と木で作られた行灯は勢いよく燃え上がり、夜空を焦がす。一八基の行灯が投げ入れられて炎が大きくなったところで、「生徒会の歌」と「学生の歌」が高らかに歌われ、その後に全校生徒によるフォークダンスがファイア・ストームを囲んで始まる。ファイア・ストームの炎が消える頃には、生徒一人ひとりの心に深い感動が生まれている。これが終わると、各自家路につくのであるが、ある者は友人や先輩の家、下宿に泊まって、生き方を議論したり、文学や歴史、政治、恋愛について語りあったりした。

学校祭二日目は連合クラスごとの演劇大会、三日目はクラブや同好会の発表会、他校の特別出演、同窓会の出演、この両日はクラブや同好会の展示・発表会、バザーなどが行われて、四日目の連合クラス対抗の大運動会で幕を閉じる。

深川西高の学校祭で生徒が最も力を入れて取り組んだのは、前夜祭に行われる行灯行列だった。テーマを決めるのに各クラスともホームルーム討議で長い時間を費やして議論する。そのテーマに深川西高の生徒たちの思い、主張が示されて、その時代が反映される。

ここに一九六六年の学校祭の行灯のテーマを掲げておく。（〇数字はクラス名）

一年生　①交通戦争　②成功させよう札幌オリンピック　③サザエさんの願い　④炭鉱の生活を安定させよう　⑤つむな、若い芽　⑥社会を浄化しよう

二年生　①国会の古狸　②真の教育を　③高校の予備校化　④伸び伸びとした学校生活をわれらに　⑤学校にもっと設備を　⑥受験地獄

三年生　①走る凶器　②教育ママと狂養人間　③高すぎる教育費　④学校設備の改善　⑤青春とは何だ！　⑥平和

交通事故の増加や受験競争など当時の社会的な問題や教育の問題、「サザエさんの願い」は物価高騰への不満と思われるが、それぞれから生徒たちの問題意識が読み取れる。中でも目を引くのは、自分たちが学ぶ学校の設備改善を要求するテーマを取りあげていることで、学校生

活に根ざした切実な要求をアッピールしている。一年生から三年生までテーマには差が見られない。一年生は四月に入学して半年ほどの深川西高生活を経て、大きく成長していることがうかがえる。

学校祭前夜祭と行灯の作製作業を思い起こしている文章を紹介する。

「深西時代の思い出といえば、何といっても学校祭である。学校祭といえば何といってもクラス対抗の行灯行列と、生徒会の歌「源遠き石狩の……」、学生の歌「雪降りしきる凍原に……」である。〔中略〕最終盤にはほとんどのクラスで（行灯作成は）徹夜状態の作業となった。二年生の時は学生帽に戦車が乗り上げている図、三年生の時には幽霊が戦車を引っ張っている図。いずれも、日本の軍国主義復活を批判し警鐘を鳴らしたものだった。特別に政治的に目覚めていたわけでもない片田舎の高校生が、何のてらいも疑問もなくストレートにこのような発想をしたところが、時代の気分とともに深西の伝統を反映している。戦争への反省と、敗戦の混乱からたくましく立ち直りつつあったあの時代の健全な発想と行動力、若者らしい正義感。これがその後の生き方の原点ともなっている友人も多い。前夜祭最後のファイアーストームで、燃え上がる戦車を眺めながら歌った生徒会の歌と学生の歌がなつかしい。裸で肩を組みながら、あかあかとした炎に照らされ昂揚した友・友・友の顔を思い出す。」

（若原正己（高一四期一九六二年卒）「『戦車』を燃やした時代もあった」『六〇周年記念誌』）

前夜祭の行灯に、高校生の正義感に満ちあふれた思いを表現して市民にアッピールし、それを燃やして炎の下で仲間と昂揚感に浸る。その後の生き方の原点となったとまで言い切っている。深川西高の前夜祭と行灯はそれほどの力を持っていた。

## 6　全校討論集会

全校討論集会は一九六四年一〇月二〇日に第一回が開催された。きっかけは『深川西高新聞』第五八号（一九六四年四月七日）に掲載された主張「開こう全校討論集会—学習権の理解のために—」であった。新聞会は、この主張で、前年度の生徒会活動は同好会やグループ活動を活発にしようとの提案が学芸委員会から行われ盛り上がりを見せたが、それが皮相で表面的なものになって結局は低調な活動に終わってしまったことを問題として指摘した。この要因は「H・R討議のマンネリ化」にあるとして、それを打破するには「われわれはなぜグループ活動をし、H・R討議をし、生徒会やクラブ、同好会に積極的に参加すべきかということ」を「西高が持っている生徒を主体としたおおくの権利の学習をする」視点から再確認し、把握しなおさなければならないと訴えた。その方法として「自主的な活動を理解し、活発にするために全校的な討論集会」を開催し、その形式は「京都の高校討論集会」に習って、「分科会ごとの討論を一日」行い、「翌日は全体会議を開いて、分科会の発表と総括をする」ことを提起した。

この提案が一九六四年度前期の生徒会執行部に受け入れられて準備され、後期の執行部が実行委員会方式で実現させた。

はじめての全校討論集会は一〇月二〇日に開催されるが、『深川西高新聞』第六一号（一九六五年一月一八日）によると、八時四〇分から体育館で全体会議を行い、実行委員会事務局長、生徒会会長が挨拶し、続いて教頭の岡部が「西高生徒会の歩みに関して」と題して、「戦後の複雑な社会環境、とりわけあゆみ会事件、保安大学入学問題などで、西高はアカだと地域の人々から非難される中で西高生徒会は、いかなる困難をも会員の団結と協力によって乗り越え、H・R討議を基盤として発展してきた」という内容の講演を行った。その後、実行委員長の杉田弘志（三年生）による「生徒会活動の現状と課題」と題する基調報告があった。

岡部が深川西高の生徒会についてどのような話をしたのかは興味深いが、この新聞にその詳細は掲載されておらず、その内容は知ることができない。実行委員長杉田の「基調報告」は全文が掲載されている。当時の深川西高生徒会の到達点と課題が述べられているが、長文なので要約して紹介する。

杉田はまず、深川西高の「自由」は先輩、先生方の努力と苦労で勝ちとられてきたことを強調し、深川西高の「自由」について説明する。杉田が一年生の時の一九六二年度卒業生の答辞では「一人一人の悩みや問題はみんなの問題であるという考えは活発な生徒会活動を通じ、また、七時、八時と戸外が真暗になり蛍光灯の明るさがいっそう増してもなお究極まで話し合ったH・R討議を通じて私たちの胸に浸透してゆきました。そして、そうした考えにみんなが到達したときにこの自由という言葉は無限のすばらしい可能性を発揮するであろうことを知りました」と述べて、活発な生徒会活動、遅くなるまで行ったH・R討議が自由の土台にあったことを指摘している。そして、翌年の一九六三年度卒業生の答辞は「高校生活の本当の意義は、三年間の生活を通してはっきりとした自分の人生観を持つことにあります。仲間と話し合ったり、生徒会活動に積極的になることによって現状を知り、自分の正しい道を見つけることができるのです。そのようにみんなの中で、自由に自分の人生を作り出して行くのが西高の自由なのです」と述べて、仲間との話し合いや生徒会活動に参加することが自分の人生を作り出す自由を保障するのであり、西高の自由はそのことだと定義づける。

杉田は次に、生徒会活動の目的を述べる。生徒会活動の目的は人間形成であり、授業だけでは得られない経験を身につけながら自分を作り上げていくことにある。この生徒会活動の基礎となるのはH・Rであり、あらゆる問題がそこで十分に討議されなければならない。集団生活をするためには秩序が必要となるが、西高では日常の規律は自分たちで決めて、実践している。自分たちの手で規律を作りあげながら活動していくのは素晴らしいことであり、自主的活動はわれわれ生徒の基本的な課題である。

こうした自主活動を基礎におきながら、この三年間の生徒会活動の成果を挙げる。最初は秩序問題で、現在の三年生が入学して間もない四月、暴力問題が起こった。一年生はまだ西高のことはなにも分からないままに全校一斉のH・R討議に加わり、何もかもがはじめての経験でただ引っ張られていた感じであったが、この時は西高でも初めての「全校合同会議」（一年生から三年生の縦割りのクラス会議）がもたれ、討議することの意義を知った。討議の結果、当事者は全校謝罪をすることに決まったがその全校謝罪は当事者本人が謝罪するだけではなく、H・Rの反省とこれからの方針が述べられて一年生は西高の自治のあり方を会得した。そして、昨年は暴力問題が一件も起こらなかった。これは一昨年の討議の成果と言える。しかし、今年に入って一学期早々に暴力未遂事件が起こり、再び全校討議になった。当事者を出した二年生は討議を通じてH・Rづくりに力を入れて団結し、コーラス大会ではその成果を結果として出した。

杉田は続いて学校祭の成果について述べている。行灯は技術的に最高の水準を示し、駅前の集合も整然としていた。われわれが一年生の時から始まった縦割り組別対抗は一年生から三年生までの学年間の交流、団結の面で成果が上がってきたが、今年はこの成果が合同ホームルームに発展して新しい伝統が加えられた。

他に今年初めて開催した「役員学習会」に一三〇人が参加して成功したこと、キャンプへの参加が年々増えていること、クラブ委員会のクラブ討論会、昨年の制帽問題についての討議、応援団の活性化、等々について成果として報告している。

成果を評価したうえで生徒会活動の問題点も指摘する。

総じて無関心、無責任、無気力が随所に現れている。日常生活の乱れ、遅刻の常習者、土足、授業のエスケープや集会における騒々しさ、委員会会議の流会が多く、決定事項もH・Rで報告されない。生徒会行事にも参加せず自分勝手な行動をとる者が多くなっている。こうした無関心、無責任、無気力はどこからくるのか。

ひとつには社会的な影響がある。年々狭き門となっている進学・就職という問題を控え、競争心をあおられ、それが焦りとなって勉強だけに目が向き、生徒会活動には不参加という状況がつくりだされている。また、昨年から教育課程が変わり、内容が難しくなって範囲も広くなり、三年間の課程では教えきることができず、学校行事を減らすことになった。

もうひとつは、生徒の自主管理の不十分さである。自分たちで決めたことを実践し、総括をして、その上に新しい発展を重ねるという本来の活動の不十分さが見られる。

この二つの面を克服して、自分たちの手によって自主的に生徒会活動を継続して発展させ、成果を上げることは現在の教育政策に対して大きな意義を持つ。成果を上げるためには、これからの活動に自分たちの権利である「自主活動権」と「学習権」をとり入れることが重要になる。そして、自分の手足で西高の良さをつかみ、さらに西高の自由をみんなの力でより良く発展させていこうではないか――。杉田はそう呼びかけた。

杉田の基調報告の後、一六の分科会に分かれて討論が行われ、午後には再度体育館に全校生徒が集まって各分科会の報告が行われた。

第一回全校討論集会の分科会名を掲げておく。

第一分科会　何のための行事か　みんなが手をつなげるように
第二分科会　クラブに関すること
第三分科会　みんなが高めあうグループを
第四分科会　秩序維持委員会のあり方
第五分科会　H・Rについて
第六分科会　腰かけ就職か　差別ある現実
第七分科会　たての交流と親善

第八分科会　勉強に対する姿勢はどうあるべきか
第九分科会　高校生活における友人関係はどうあるべきか
第一〇分科会　帽子とスラックス
第一一分科会　先生への希望、生徒への希望
第一二分科会　教育課程とわれわれの学習
第一三分科会　みんな同じ高校生　他校との比較
第一四分科会　規律ある生活を　土足などをなくするために
第一五分科会　現在の高校生の社会における位置
第一六分科会　本来の生徒会活動はどうあるべきか

この時代の深川西高であるから社会的、政治的なテーマの分科会が多いと思っていたが、そうではなくほとんどが自分たちの生活に関するものであった。しかし、二年後の第三回の分科会では政治的なテーマが多くなった。分科会の数は一五でほぼ同じだが、「自衛隊について」「ベトナム戦争」「天皇制と紀元節」「宗教について」「期待される人間像」などが設定されて「ベトナム戦争」は二会場設けられた。第二回の分科会には「ベートーベンとビートルズ」が設定された。どんな内容であったのか興味がわくが、当時の報告は残されていない。

第一回討論集会の執行部の総括は「京都では生徒会連合協議会が中心となって京都府高校生

討論集会を大規模な形で行っているが、僕たち《ママ》は、校内で何もわからないながらにも自分たち西高生の手で全校討論集会を開き、不十分ながらも見事成功させたのだ。今後私たちはこの成果を自分のものとし、討論集会を開いたという自信をもって生徒会活動に、クラブ活動にそして勉強に邁進していかなければならない」(『深川西高新聞』第六一号、一九六五年一月一八日)としている。

次に、参加した生徒の感想を紹介する。第二回討論集会(一九六五年一一月一七日)の「友情について」の分科会に参加した二年生の女子生徒が、先述したサークル日誌「わらしっこ」にその様子を具体的に書いている。

「昨日は第二回討論集会が行われたが、昨年と比べて発展の跡があまり見られなかったのではないでしょうか。私はAさんと第六分科会の「友情」に行きました。〔中略〕。友情を育てる発端は偶然訪れるチャンスを待つのか、それとも積極的に自分から求めるものか、ということから討論は始まったのですが、結論は偶然を待っていたのではいつ来るか解らないので積極的にチャンスを作る方が望ましいということに落ち着きました。〝友情〟についてはそんなに時間をかけず、「男女交際」について多くの時間が費やされました。特に一年生の女子が熱心でした。その中で、男女間の友情は成り立つものかということが問題となりましたが、私とAさんは「わらしっこ」のことを思い出し、成り立ち得ることを認め、一対一の交際を重んじていた一年生にグループ交際を心から主張してきました。友情（同性を主として）については日頃いろいろと考えていたこともあったのですがそこまで話が進まなかったので、一度みんなとそんなことも話し合いたい」

「友情」という高校生にとっては、身近で関心の高いテーマであるが、討論の切り口は難しい。それでも参加者は率直に自分の意見を述べている様子が良くわかる。彼女は自分たちのサークル「わらしっこ」の経験を話してグループ交際の大切さを主張したようであるが、もともとこの討論集会は結論を求めるようなものではなく、それぞれの参加者が自由に考えていることを述べ、他の人の意見をじっくり聞くことが目的であるからこの分科会は成功だったといえるのではないだろうか。また、彼女は、この分科会で深められなかった問題について、サークルの仲間が集まって話し合ってみようと提案している。深川西高にはいつでも、どこでも、だれとでも、どんなテーマでも話しあえる場があった。全校討論集会はその一つであった。

私も第三回討論集会（一九六六年一一月三〇日）の経験を書いておきたい。私は三年生だったが、実行委員会から「ある作品と人生観」という分科会の提案者になることを依頼された。実行委員会の狙いは、高校生に人気がある石川啄木の作品を通して、文学と人生について討論してほしいということであった。最初、私が考えたのは、みんなが知っている浪漫的、感傷的詩人としての啄木を素材として提供し、啄木の短歌や詩を通して、彼の叙情主義や北海道放浪、貧しかった生活などを論じ合おうとすることであった。

事前に、この分科会に助言者として参加することになっていた先生と、どのような問題提起をするかの打ち合わせを行った。その時に、先生は多くを語らず、「これを読んで、あなたの意見を聞きたい」と言って石母田正『歴史と民族の発見、抄』（新潮文庫、一九六〇年）を貸してくれた。私はその本に収録されている「国民詩人としての石川啄木」を読んで愕然とした。啄木を充分に知っているつもりでいた自分の無知さを恥じ、情けなく思った。啄木は浪漫的、感傷的詩人だっただけではなく、日本の社会を批判し、それを変えようとした変革者であることをこの本で初めて知った。新たな日本をどのようにつくり上げるべきか、そしてその力になるのは青年であることを明快に述べていた。石母田がとりあげた啄木の「食ふべき詩」「時代閉塞の現状」を読んで、私の啄木への認識は大きく変わった。何を今さらと笑われるかもしれないが、私は啄木が時代の変革者であることを基調にした提案を分科会で行うことができた。

この討論会は生徒会を活性化し、生徒が自分の思いを語り合ってお互いが成長するだけではなく、テーマごとに提案者、司会者、記録者、助言者の事前学習を深めることも目的の一つであった。全校討論集会は無知の生徒であった私を確実に進歩させたが、変革者としての啄木を石母田正の著書を示してさりげなく提示する力量を持った教師が深川西高にはたくさんいた。

討論集会は一九六四年に第一回が行われて、その後一九七四年まで一一回続いたが、一九七五年は執行部が活動方針で「服装問題を解決する」ことを優先させて「討論集会の見送り」を提案して中断した。しかし、翌年には学芸委員会の努力で開催を復活させた。その年の討論集会が終わってからのアンケートでは「討論集会に参加してはっきりと意見を述べることができた」と答えたのは八三％、「意義があった」と答えた人は六二％、「討論集会をこれからも続けた方がよい」と答えた人は七六・五％を占めた。その後、一九七七、一九七八年と継続されたが、一九七九年度の執行部は「普段から交流のあるクラスの仲間と、お互いに自分たちの意見を戦わせて、H・R討議の力を高める」という意向をもって、討論集会をやめてH・R単位で討論する「討論月間」という新しい形式を方針化した。深川西高の「全校討論集会」は一四回を数えて終了した。討論集会が継続できなかった要因には、生徒会執行部の力量の問題もあるのだろうが、一九七九年一月から始まった共通一次試験の導入をはじめとした大学入試改革が、生徒間に競争を強いて、生徒に討論集会などを開催する時間を与えなかったことも要因になったのかも知れない。

## 7　役員学習会

一九六四年四月一九日午前八時三〇分から午後三時まで、生徒会の第一回役員学習会が「深川西高生徒会の歴史と任務」、「今年度の執行部方針について」理解を深めることを目的として開催された。当日は日曜日であったが、H・R役員を中心に約一三〇名以上が参加した。生徒総会が五月七日に開催されるので、そこで提案される生徒会執行部の方針をH・R役員が十分に理解し、各H・Rで実践していくための一助として開催された。

「生徒会の歴史と任務」については、生徒会顧問の森谷長能が報告した。「あゆみ会事件」（一九五四年）、「秩序維持委員会の設立」（一九五四年）、「制帽自由の経過」（一九六三年）等をキーポイントにして生徒会の歴史を述べながら「自由の学園」とは何なのかを問い、深川西高生徒会の現状について「自由の看板は下ろされるべきか」と鋭く、厳しい問題提起を行った。一年生は入学してまだ二週間もたってなく、教師が報告する深川西高の歴史に衝撃を受けるだけで、その内容については理解できなかったことも多かった。しかし、一年生だからといって容赦される訳ではなく、二年生、三年生と同等に扱われた。これは深川西高のやり方で、教師はいつもこうした問題提起を生徒に行い、生徒もそれに応えて自らが積極的に深川西高の自由と伝統を学び、その上に新たな自分たちの「自由の学園」を築こうと機会あるごとに討論した。わからないことがあれば、会議や討論のなかで聞くことが求められて、一年生だからわからないというのは許されなかった。

新学年がはじまって早々の日曜日の朝から夕方まで、生徒会執行部が全校のホームルーム役員一三〇人を集めて丸一日を使って学習、討論する力量には、いま改めて驚愕する。私もこの役員学習会に参加していたが、その時はそれほど大層なこととは思わず、参加することが当然のことと思っていた。しかし、今考えてみるとこれは大変なことなのだ。クラブ活動やサークル活動で日曜日も活動するのはよくあるが、生徒会活動でこれだけのことをする高校生は、今は当然ないだろうし、当時にあっても珍しいことであった。深川西高の生徒会の基礎となるホームルーム役員はこうした学習会を通して鍛えられ、生徒会執行部とホームルームの双方の有機的な関係が作られた。

この役員学習会は、第四回（一九六七年度）まで継続して終わった。

## 8　十年計画委員会

深川西高生徒会に「十年計画委員会」というユニークな委員会があった。名称だけからは何を目的に設置した委員会なのかはわからない。

深川西高が設立されたのは一九三八年で、当時はそれから二五年を経ていて、校舎の老朽化や生徒の増加に対応しきれず施設の拡充整備が課題とされていた。PTAは一九六三年九月一日付で「深川西高等学校施設拡充整備について」(以下、「施設拡充整備案」とする)を提示した。深川西高は、一九六一年度に学級増を実現し、三学年一八学級の生徒を収容することになったが、学習環境はそれに追いついていなかった。

「施設拡充整備案」では、当時の状況について「必要というより必須な物的環境条件が欠けている」として、具体的には①兼用または不備な特別教室では実験実習が思うようにはできない、②体育館が狭いため十分な学習指導ができず、運動クラブの練習が困難で、傷害の心配もある、③職員室、事務室が狭く、固有の研究室、準備室、指導室、生徒会関係室、放送室、生徒静養室等がなく、兼用代用の状態にある、④生徒寮は収容定員四〇名だが毎年冬期は五〇名余りを収容し、本年は夏期でもすでに四七名を収容している。入寮希望者は毎年冬期間は一〇〇名以上あり、その半数しか収容できない、⑤職員の住宅は若干不足している、広く遠い地域から教師を迎えねばならない――等をあげている。

そして、これらの改善を果たすために、「深川西高等学校施設拡充整備期成会」を設立し、公費、つまり北海道予算による実現を要望し、その運動を起こすことを提起しながらも、公費のみによる実現が困難な現状を考えてＰＴＡの一家庭から月額三〇〇円を徴収し、積み立てることも同時に提案した。この提案は、九月一四日に開催されたＰＴＡ臨時総会で決定された。生徒会はこの情報をいち早く入手して、『深川西高新聞』第五六号（一九六三年一〇月五日付）で報道した。

### 深めたい生徒の理解―校舎の増改築事業―

本校では現在、教室、生徒寮、職員住宅が不足している。この問題に対してＰＴＡが積極的な動きをみせてきた。去る八月十日、ＰＴＡ実行委員会を開き、増・改築計画案をたてた。また、九月十四日にＰＴＡ臨時総会を開き、この案について審議し、大体の方向を決定した。

問題となるのは費用のことである。道教育費は限られており、今回の事業にはあまり望みがない。結局、莫大な費用を父兄が負担しなければならない。ＰＴ会費を三百円値上げすることになったが、毎月これだけ負担するのにはかなりの困難を生じる家庭がでてくることが問題となった。

このように、この増、改築事業を実施するのにはいろいろな問題がある。去る九月二十七日には実行委員会を行ない、実行に当たるための組織を組むなど、対策がねられた。遅くとも、十月から実行にはいるということであるが、現在のところ全父兄、生徒にまでは事業計画が十分に理解されていない。しかし、生徒も実際に校舎を使用する側の要求をだすなど、生徒として、事業の推進体に加われるような自主的な活動をすることが望まれている。

一方費用の点では、父兄で負担してしまうのではなく、道議会に教育費が各学校の要求を満たす教育行政を請願するなど、学校外、社会への運動を行なおうとする動きもある。


この報道がなされたすぐあとの一〇月、生徒会に「十年計画委員会」が設置された。この委員会は、ＰＴＡの「深川西高等学校施設拡充整備期成会」に対して校舎を使用する側＝生徒からの要望を、学校から副会長として参加している学校長を通して反映させることが目的であった。「期成会」の会長には深川市長が就いた。

「十年計画委員会」の活動がどのように行われていたのかを報じた『深川西高新聞』第五七号（一九六四年二月二六日）の記事を紹介する。


もっとみんなの問題に——十年計画すすむ——

昨年の十月に結成された校舎増築十年計画委員会は、多くの問題を含みながらもじみちな活動を続けている。

委員会は初め、生徒からの希望を出してもらって、それについて深くつっこんでいく予定だった。しかし、途中で本質的な問題となる予算の面、特にわれわれがどうして三百円をはらわなければばいけないのかという問題に直面した。さて、その足跡をたどってみることにしよう。

初め生徒の希望をとったが、その内容は次のようなものだった。▼学生ホールをA案（第一期計画）にうつして、もっと広くしてほしい▼男子便所を新設してほしい▼一、二年生の教室修理を計画に入れてほしい▼自由に何でも書ける黒板を設けてほしい。また、現在の黒板を塗りかえてほしい。〔中略〕。

そこで問題となるのが予算面である。道から予算を引き出すべく期成会をつくって鋭意努力中であるが、へたをすると父兄全額負担となるかもしれないそうである。〔中略〕なぜ道が全額費用負担できないのだろうか。アンケートをとったところ「西高が私立ならともかく道立であるのだから道が全額を負担するのは当然である」というのが多数を占めていた。道予算で教育費が占める割合は三十二％で、そのうちわずか六％が学校経営に充てられているに過ぎない。〔中略〕。

これらについて学校長は「予算は道から必ずくるとは確定できないが、おそらく間違いないでしょう。父兄が三百円払うことは、本来は道が負担すべきものだが、道がそれをできない時は父兄が負担しなければならない。また、これは政治の善し悪しとは関係がない。教育予算が決められているのでその中でやっていかなければならない」と答弁してくれた。その後、委員会は校長の考えを全面的に支持する態度を明らかにした。〔中略〕。

われわれは、この計画を正しい方向で認識し、住みよい西高をつくっていかなければいけない。そのためにわれわれはこの問題をただ単に十年計画としてとらえるのではなく、なぜわれわれが三百円を払わなければいけないのか、なぜ道からお金がこないのかをはっきり見きわめ、行動していくことが必要になってくる。なお、期成会は早ければ新年度早々、計画に着手できるように努力中である。

十年計画委員会は、校舎の拡充整備に関して全校生徒にアンケート調査を実施し、それを整理して学校長と話し合いの場を持っている。普通、このような「期成会」がつくられると生徒は放っておかれてその要望などは全く無視されがちであるが、深川西高の生徒会はそれを許さず、校舎を実際に使うことになる自分たちの要望を反映するように求めている。それを実現するために学校長に話し合いを求め、学校長は北海道の教育予算、「期成会」のことを説明する。十年計画委員会は学校長の説明を全面的に了解してしまったので、新聞会としては十年計画委員会に対して不満を見せるが、これが深川西高の民主主義なのだ。校舎の拡充整備の問題を、町の一部有力者や学校長に任せてしまうのではなく、自分たちの要望を反映させようとして学校長に話し合いを求め、学校長もこれに応じる。生徒たちは、施設の要望だけではなくてそれにかかる費用の負担についても問題にして、公立高校なのだから公費で負担すべきと訴える。当然、北海道の予算の内容、教育費の内訳などを勉強しなければならない。

私が入学した時はこの委員会が存在していたが、入学したばかりの一年生には委員会の目的や何をするのかがわからず、クラスで学習したことを覚えている。私たちはこの委員会を通して、更衣室や水飲み場、男子トイレの改善、クラブ個室の設置などを要求した。生徒が自分たちの学校生活を充実させるために、自らの要求を掲げ、その実現をみんなの手で成し遂げようとする。民主主義の基本をこの委員会は教えてくれた。

## 9　全校一斉作業（西高土方作業）

私たちが在学していた頃、春と秋に「全校一斉作業」と呼ばれる作業日があって、男子生徒はグラウンドやバレーコート、テニスコートなどの整備、女子生徒は屋内の清掃（男子便所を含めて）や花壇の整備を、春は二日間、秋は一日かけて行った。グラウンドに入れる土は石狩川の河川敷からトラックで運んだ。石狩川の土をスコップでトラックに積み込み、グラウンドに降ろして平らにならし、石を取り除いてローラーを引きながら固めていく。私たちは「西高土方作業」と呼んで、慣れない肉体労働に挑んだ。

この作業は、深川西高が北空知中学校として設立された頃から延々と続けられてきた伝統の行事であった。北空知中学校が開校した一九三八年は、日中戦争が拡大していく時で、国や道の予算は教育施設の拡充や整備に投入できる余裕などなかった。北空知中学校の建設は宇佐美常治郎氏の遺族からの一〇万円の寄付と北空知一一町村民からの寄付金二万円の合わせて一二万円をもって着手された。しかし、日中戦争の影響で諸物価が急騰しており、一二万円では校舎の建設が精一杯で、グラウンドや校舎周辺の整備には足りなかった。

また、「校地はその全部が水田跡であり、畦あり用水溝あり。しかも高低ありで、樹木は東側に一本の杏の存在するだけであった」（初代校長・古野俊清「二十周年に寄せて」『二〇周年記念誌』）ために、グラウンドと周辺の整備、特に樹木の移植は生徒が自力で行わなければならなかった。古野は、「まづグランドを造ろうという事になり融雪を待って作業にとりかかったが、幼少な一年生の労力では何ともならなかった。十三年七月二十二日から一週間の予定で父兄の協力の下に」作業を行い、「漸くその形を整えるようになった」（古野、前掲書）と回顧し、設立時から、グラウンドをはじめ校舎周辺の整備には父母や生徒がその労力となったことを明かしている。こうした作業は、三〇年を経た私たちの時代にも「一斉作業」として引き継がれていたが、設立当時の困難さから比べると楽なものであった。

一九六三年度三年生の「H・R日誌」に「一斉作業」の様子が記録されている。

「五月一〇日（金）春季一斉作業　女子—花壇整備、男子—土砂つみ。あーつかれたよ。球根を植えるとどうやら花壇らしくなった。今日の一斉作業は疲れたけれども、クラスの〝和〟というものがはかられたように感じた!男子の方はわからないけれど、女子の場合は、みんなが自分の考えていることを言い合っていたので、みんながどんな考えを持っているかがわかった。」

「五月一一日（土）記載者氏名　女子全員　女性の友情で男子の日直を代わって女子全員で日直の仕事をする。ありがたく思ってね、男子諸君!　女子は午前一〇時頃まで前庭の清掃。それから早飯。そののちガラス拭き。あとは全員教室でブラブラ。それから合唱はじまる。レパートリィは「赤い河の谷間」「赤いハンカチ」「もみじ」「静かな湖畔」「夜汽車」「花」「荒城の月」。コーラス大会はいただきよ!」

「一一月二日（土）今日は全校一斉作業日である。男子は石狩川の土手でソフトボールをやりながら土運び。女子は校内清掃と歌らしきものをやったそうだ。男子はトラック七台も土を積み込み、全員疲れたようだった。ただ残念なのは男子の一部が途中からサボっていなくなったことだった。H君、K君、この間、男子全員で約束したことを忘れたのか!　なぜ昼から来なかったのかみんなの前で理由を述べてほしい。」

一九六四年度三年生の「H・R日誌」には次のように記録された。

「・今日は好天の下で六号線石狩川堤防において恒例の一斉作業が行われた。ふだん、学習に追われている我々は、なれない手つきで作業にあたった。
・我クラス紅一点のS先生が珍しく〝モンペ姿〟でホームルームに現れた。なかなか堂に入ったものであった。」

これに対して「H・R・Tの所感」で担任の女性教師が書く。

「青空のもとで快適な一日をすごした事と思います。私は三の五の女子と男子便所の大掃除です。たいした労働ではないけど精神的疲労がはなはだしい。」

教師も一緒に作業に参加して、大変な思いをしている。
宮武慶一は「一斉作業」の内容について具体的に記録している。

「畚《もっこ》、鍬《くわ》、スコップ、レーキ、熊手、箒、箕、鎌など、およそ農作業・土木が必要とする基本用具は、生徒総数の手に余るほど用意され、道具小屋に整頓して磨き洗い立てられて保管されていた。

グラウンドの芝部分は草刈るが、トラックなどは鍬で掘り起し、冬燃料の石炭燃え滓を箕に通し、砕紛を運び入れて混入する。均したあとをローラー隊が曳き抑圧する。時に砂利、玉石を必要とすれば、営林署乃至土木現業所に運転手をトラックごと頼み込み、積み込み下ろしは生徒があたった。砂は、同じようにして石狩川から運び、中庭を憩いの場とするための通路造りのセメントと混ぜてコンクリートした。グラウンドの水はけを良くするためには下水溝の下浚えをしなくてはならなかった。」

（宮武、前掲書）

この一斉作業によって、学校の周りには多くの樹々が茂り、花壇にも色とりどりの花が咲いて学校生活に潤いをあたえた。グラウンドやバレーコート、テニスコートなどの造成、整備は体育の授業を充実させ、生徒たちの昼休みの遊びの場にもなった。

その中でも、生徒が一斉作業の見返りとしてその恩恵を最も受けることになったのは中庭であった。中庭は芝生が張られ、幅一メートルくらいのコンクリートの通路が十字に通っていて、校舎の廊下から中庭に出られた。四本の通路のうち一つは体育館に繋がっており、体育館からも中庭に出ることが出来た。校舎の一、二階の廊下の窓からは中庭をすべて見渡せることができたから、誰が中庭にいるのかがすぐにわかった。昼休みには弁当を持って仲間が集まり円陣を作って座り、それぞれが持ってきた弁当のおかずを中央に出し合ってみんなで食べた。私はこの時、いろいろなおかずを素早くとるためには箸を使うよりもフォークが便利であることを学習した。中庭は、コーラス大会に向けて各クラスが練習する場や、生徒たちが腹這いになって歓談する場にもなった。

「一斉作業」は戦前とは違って、深川西高の自由を育てる行事として位置づけられた。作業を通してクラスの団結を強め、生徒同士が深く理解し合い、話し合う機会にもなった。「学校沿革誌」で見ると「一斉作業」は一九六六年度までは春二日、秋一日行われていたが一九六七年度からは春一日、秋一日になっている。一九七〇年度までは追えたが、それ以降はわからない。一九七一年四月に深川西高に赴任した湯川界が「生徒の自主的な取りくみで大きな成果を上げていた「全校討論集会」は消え、秋の遠足や新校舎の完成と共に「一斉作業」もなくなり」(森谷長能編『北海道深川西高校「あゆみ会事件」に寄せて』二〇一五年一〇月、所収)と書いているので、新校舎が完成した一九八四年頃には、すっかりなくなっていたのであろう。

## 10　制帽の自由化

「制帽の自由化」はそれ自身が生徒の切実な要求として出されたのではなく、むしろ副次的な要求であった。この問題の経緯については金倉編著『学園自治の旗』で詳細に記述されているので、ここでは、それに依拠して経緯を紹介しながら、金倉が論及しなかった新たな論点を提示したい。

一九六三年四月三〇日、生徒大会が開催された。執行部は「ホームルームづくり」を活動目標に掲げて方針を提起した。しかしながら、この大会はマイクの不調や議長団の不手際などで混乱し、結局は多数決で年次予算を可決しただけで、執行部が提起した「ホームルームづくり」の方針については具体的な討議はないままに終わってしまった。新聞会はこの大会を是認せず、「生活の乱れのひとつである制服、制帽、上ぐつの問題をはっきりさせることと、今年度の活動目的である「ホームルームづくり」の執行部の具体的な方針を会員に表明し、浸透させること」を目的とした生徒大会の開催要求署名を展開して、三九三名の署名を生徒会執行部に提出した。この時、新聞会は生徒の関心を引くために「制帽の自由化」を前面に押し出して署名活動を展開した。そのためにこの大会は制帽の自由化が主題になってしまった。

その後、二ヵ月をかけて議論が行われた。一年生の議論では「制帽は高校生らしさを表すもの」「高校生らしさが失われる」として制帽の自由化には反対の意見が多数を占め、二年生では「長髪の場合、髪型が乱れる」、「制帽がないと生活が乱れる」などの意見があり、賛成、反対が半々であったが、二年生の賛成意見には、深くは考えていないものが多かった。三年生では「帽子がなくとも西高生であることは日常の態度で示すことが出来る」「形より中身が大切で、中身さえしっかりしていれば帽子の有無は問題ではなく、非行とは関係ない」などの意見が出されて自由化賛成が反対を少しだけ上回っていた。全体として意見の一致は見られず、初めのうちはむしろ反対が多数を占めていた。

全校での討議を進める中で、論点が徐々に絞られて「制帽を自由にするために、今、西高生に求められているものは何なのか」「西高生の誇りとは何なのか」「生活の乱れは制帽があるか、ないかが関係しているのか」という本質的な問題が議論され始めた。そして、生徒の討議は制帽自由が多数を占めるようになり、確かなものになってきたが、ここで心配されるのは地域の反響や父母の意見である。父母の間では反対意見が圧倒的であり、生徒たちが生徒大会で「制帽の自由化」を決めたとしても、父母の反対でそれが認められずに生徒たちが敗北感と無力感に支配されてしまうことだけは避けなければならなかった。教師は、父母と生徒の座談会を計画して実施したが、両者の言い分は平行線で一致することはなかった。その内容を「深川西高校報」に掲載して、全ての父母の目に留まるようにし、生徒には各家庭でこの問題を話題にして自分の意見を伝えるように指示した。十分ではなかったにしても、父母の間では生徒たちが真剣に話し合って決めていることは理解された。

この問題は教師の中でも意見は分かれた。数度にわたる職員会議の結果、異論はあるにせよ、ここまで練り上げられてきた生徒会決定をつき返すことは生徒に無用の混乱を起こすだけであり、制帽自由化がもし教師の危惧した結果を招くことになったとしても、生徒会にはその結果を再度問題にできる体制は作られており、もし放置するようであれば、生徒会指導を強めようということで一致した（金倉、同上書）。

こうして、七月に臨時生徒大会が開催され、賛否にそれほどの差はなかったが制帽自由化は決定された。そこに至る生徒たちの討議は日ごとに深まり、制帽自由化は普段の生活の乱れを克服することと合わせて議論され、深川西高生の誇りとは何なのかを根本から話し合った。こうした生徒の真剣な討論の過程と、その結果得られた結論は目覚ましいものであったが、教師集団の指導のあり方も評価されなければならない。

制帽自由化をめぐる経緯を三年二組の「H・R日誌」から時系列で跡付けることにする。この日誌には担任も意見を書いているので、それも含めて教師の対応も見ることにしたい。

四月三〇日、生徒大会が行われたが、先述したようにこの大会はマイクの不備や議長団の不手際でまともな討論がなされずに、年次予算だけが形式的に可決された大会になってしまった。その状況をこの日誌では次のように記録している。

「四月三〇日　生徒大会はとても騒がしかった。議長の議事進行は欠陥があったと思うが、もっと私達が議長に協力しなければいけないのではないか。」

すぐ後に続けて別の生徒が書いた。

「この事に少し付け加えて……、今日の生徒大会はその名にふさわしくない状態のまま終りを告げた事が非常に残念である。議長の運営上の欠陥はあったにせよ、初めての議長の座についた戸惑いも多分に影響していると思う。また、三年生は最初はとても熱心であったが、後半から次第に本質からはずれていった感じがした。会議をより充実したものとして作り上げるには個々が自覚をもってしっかりと行い、今日のように情けない状態で終わりたくないものである。議長は今日の事などを深く反省して、今後の運営に生かしてより進歩的な面を見せてほしいものである。」

四月三〇日の混乱した生徒大会の翌日には、新聞会が「生徒大会開催を要求」するビラを玄関前に張り出した。このビラの現物は残されておらず内容については知ることが出来ないが、金倉編著『学園自治の旗』などから推測すると、ビラには生徒大会開催の要求と同時にその理由として「制帽の自由化」を議論することをあげていた。それによって生徒の関心を引きつけ、生徒大会の開催を実現しようとした。

翌日の五月一日の「日誌」に担任は、この新聞会のビラへの憤りをぶつける。

「新聞会は生徒会の外局とは云え、今日の玄関のアジビラ如きを張り出す自由は果たしてあるのだろうか。新聞会こそ生徒会のあるべき姿に到達する為の大きな推進力となって生徒会の運営に側面的な協力をすべきだ。良い考えもその発表の仕方が生徒にアッピールする為の具体的な方法を誤っては、単なる生徒会の破壊者の役を果たすだけである。もっと執行部と直接話し合って今後の対策を練り給え。正当な機関の存在も考えよう。」

新聞会が「生徒大会開催を要求」したビラに生徒以上に強い反応を示している。文面では、新聞会のビラを張り出した行為についてを非難しているが、この理由だけでこれほど強い言葉が出てくるであろうか。生徒大会開催要求の目的に制帽の自由化が書かれていて、それへの過剰な反応と思われる。このビラにその言葉が書かれてはいなかったとしても、その裏に制帽問題があることを感じとったために強い言葉での非難になったのではないか。この教師は、宮武の表現を借りるならば「旧制中学の頃から奉職していた」「謹厳熱血の徒」であり、「生徒を愛するに人後に落ちず、こころのみ古くて直情径行タイプの突貫教師」（宮武、前掲書）であったから、生徒の「制帽の自由」などは到底許せず、こうした反応になったのであろう。

この教師の過激とも思える新聞会批判に対して、早速、翌五月二日の日誌には生徒からの反論が掲載された。この反論もまた過激である。

「人間というのは、何事においても何もなく無事に終わることを望むいわゆる事なかれ主義的な考え方を持っているものである。彼らは常に革命を恐れるのである。いつも今まで通りである事を望み、少しでも自分の生活に支障することを恐れる。何もせずにただ手をこまねいて、現状を保守するのみである。恐らく進歩はないのである。例えば、制帽の事がある。秩序の乱れることを恐れて、西高生のシンボルとしては一カケラの価値もない黒い異様な物体を頭にのせたがるのである。世間の人が制帽の方がいいというから世間体を考えてそうしているのである。また、新聞会のビラのことがある。昨年と同じにこのまま運営していけば問題はないのである。あのビラを生徒会破壊のビラとみるか、それとも少なくとも昨年より生徒会への関心が高まるとみるか。執行部になるとその責任上、乱れのない平和な生徒会運営を考えるものである。しかし、我々は時に現状にあきたりなくなって革命を試みるのである。その結果が破壊であっても、建設であっても昨日とはちがう今日を送りたいのである。」

高校生らしい正義感と直情的な気持があふれ出ている文章である。この後、このクラスでは担任の二人の教師を含めて、H・R日誌上での討議が行われる。

生徒の意見。

「五月七日　制帽について―小学校から九年間「帽子をかぶるものだ」と考えてきた一年生に「帽子は必要ない」と云ったところで中々わかってもらえない。彼らの感覚では真面目に考える者ほど考えられないのだ。新学期が始まったばかりの今「帽子はかぶりたくないからかぶらない」から始って「帽子が必要か否か」を考えるべきではない。西高生としての印が必要かどうかを考え、必要ならみんなが一番便利につけられ、一番わかりやすくて目的を果たせるものを考える。そこには、女子が胸章をつけてないことを指摘することなく、「制帽、制帽」と叫んで、不便なものを頭の上にのせていることのバカらしさがわかるだろう。」

もう一人の担任はこの討議での生徒の自主的な奮起を促す。

「制服、制帽についての声があちこちからあがってきているが、これがほんとうに必要に迫られて起こってきた議論ならば何らかの形で全校的な問題となるはずだが、厚生委員を通じてその意見が委員会に反映されるのが先決問題だと思う。自分たちの手で生徒会を動かそう！」

新聞会のビラを批判した教師は、これまでの慣例に固執しながらも、制帽について生徒が真剣に考えるのは良いことと認め、生徒会がこの問題をどのように解決していくのかはこれからも注視していかなければならないとクギを刺す。

「制服、制帽の問題は論議の為の論議的なにおいがあるようだ。此の学校が男子の服装に関して規制しているのは指導上必要と認められているからに外ならない。校規の遵守は学生としての本分でなければならない筈だし、制帽をかぶることに伴う価値判断や責任は、かぶらない場合のそれに比し、特に完成された人間以外勝るとも劣ることはないように考えられる。ただ、着帽が真剣に考えられ批判されるのは好ましい。今後、この問題が如何にして大会に提出され、どのように討議され、結果し、どのような実施態勢になるかは、尚、吟味されなければならない多くの問題を含んでいる。」

七月四日、二ヵ月余りの討論を経て臨時生徒大会が開催されたが、その大会についての感想が「日誌」に綴られた。

「以前の生徒大会と比べるとたいへん良かったように思う。M君は、「西高生に内部的な人間形成をしようとする空気はないように思う」と発言していたが、不十分ではあるが私たちはそれを目指している。しかし、「それがない」「心配だ」といって負けてしまうのではなく、私たちが持っている権利を責任持って施行する意欲を盛り上げたいものだ。三の二には制帽反対者が多いようだ。まさかとは思うが制帽が自由になって生活がだらしなくなったらM君たち制帽自由化反対者が言う「現状に妥協した消極的な波」にのまれてしまうし、「学校外からの批判」に負けてしまう。責任を持って西高生の「自由の権利」と「責任」からくる「内面的なりっぱな学生らしさ」を高々と誇っていきたいものだ。」

生徒の自主的な討論の深まりを期待していた教師は、生徒たちのこの感想を絶賛した。

「意欲的！　まことに結構。」

翌日の七月五日の「日誌」に、生徒が臨時生徒大会で制帽の自由化を決めた後の決意を語る。

「今日は一人も遅刻者がいなかった。制帽廃止を唱えたわれわれが、何事にも責任を自覚しなければならないのだ。ボサーとしてはいられない。」

初めは制帽自由化に反対の立場であった教師は、生徒の決意に続けて所感欄に臨時生徒大会の成功と生徒たちの自主的な活動を評価し、生徒たちの成長を素直に喜んだ。

「生徒大会は生徒の自覚を促す意味で成功だった。一人一人が正しい自主的な行動をすることにより、より高い自由を獲得出来る。日常生活に於いて自分に対する責任、他に対する責任を果たすような積極的な動きが見えはじめたことをよろこぶ。自己の発言を実行に移し、自己のなさねばならぬ仕事を完遂出来る人になって欲しい。」

「H・R日誌」を見ると担任二人の意見は明らかに違っている。しかし、この不一致は数度にわたる職員会議の結果、「異論があるにせよ、ここまでねりあげられてきた生徒会決定をつき返すことは生徒に無用の混乱をおこさせるだけであり、制帽自由がもしもわれわれの危惧した結果をまねくようになったとしても、生徒会自体その結果を再度問題にできる体制は今回で作られており、また放置するようであれば、そのことでの生徒会指導を強めよう、ということで一致し」（金倉、前掲書）て克服された。制帽の自由化に至る経緯の中には、金倉が指摘するように数度にわたる職員会議開催等の教師たちの努力があったことは評価されなければならないが、同時に見落とされてならないのは、生徒たちが教師の中にあった常識を覆し、教師の価値観を変えてしまうほどの深い討議を行ったことである。「H・R日誌」には、生徒が討議の中で変わり成長していく姿が描かれるが、同じように教師も自己変革していく過程が見てとれる。制帽の自由化は生徒だけでなく、教師も変えた。

この問題はこれで終わったかに見えたが、そうではなかった。

「制帽の自由化」をひとつの高校の方針とすることは、当時の地域の雰囲気からは到底容認されることではなかった。これをどう乗り越えていくのかが深川西高の教師と生徒に課せられた課題であったが、これをどのように克服したのかを見ていきたい。金倉の『学園自治の旗』では触れられなかったが、当時の深川西高の生徒と教師はこの問題に真摯に向き合った。

一九六三年度の三年二組の「H・R日誌」は、七月四日の臨時生徒大会で「制帽の自由化」が決定して生徒も担任の教師もそれまでの二カ月間にわたる討議で得た成果を生かした新たな学校生活を送ろうと決意していた。しかしながら、七月六日、生徒たちは思いもしなかった新たな事態に遭遇した。日直当番の生徒はその不可解さを「日誌」に率直に書いた。

「数学の時間、執行委員であるWさんとTさんが校長室に召集される！　なんでも制帽の件で校長先生と話し合うそうだ。放課後、校長先生の話があった。今、当面の問題として外部的なことに対して納得させるほどの理由がないという事で校長として認める事が出来ない……。はっきり理解できなかったので、具体的に説明して欲しい！」

同じ日に他の生徒は、日直当番の意見に続けて書いた。

「今日の校長先生のお話について感じた事を書きます。前ページにも書いてありましたが、私もあの話だけでは納得することが出来ません。これは単なる制帽のみの問題ではなく、私達が生活している中に常にある問題に関連していると思います。校長先生の言葉では内的な生徒の自主性は認めるが、外的に人々を納得させえないとの事でした。ここが理解できません。それならば帽子をかぶる目的もハッキリ打ち出してほしいと思います。そして、学校における生活と、社会における生活の相違はありますが、その根本である民主主義的精神が校内に於いてしか通用しないというのはどういう事なのでしょうか。ここには明らかに矛盾があります。それから、帽子の問題よりも先に考えなければならない事があると言われましたが、それは日常生活の中から必然的に出てきた問題で、普段から私達が話し合っている事と何ら変わらない問題だと思う。その時出て来た問題を一つ一つ処理していく事こそ必要な事だ。つまり、いつもやっている生活態度の問題の中にこれは含まれると思います。」

校長への疑念を呈して、自分の意見を率直に述べている。校長が全校生徒を集めて「制帽自由化」の問題は生徒がこれまで討議を重ねて民主的に生徒大会で決定したことは認めるが、これはそのまま社会には受け入れられないという現実があることを理解してほしいと言ったのに対して、その論理は理解できないというのである。その時、校長がどのような話をしたかの内容を示す記録が残されていないので、生徒が書いた文面で類推するより方法がない。この時の校長は岡睦樹（第八代）であった。

担任は所感欄に書いた。

「学校長の社会的立場と、それが置かれている社会的現実をよく理解して欲しい。H・Rで説明します。」

金倉が危惧していた「地域（社会）の反響」の問題が校長から提起された。深川西高での生徒たちの民主主義と社会のそれとはあまりにもギャップが大きかった。岡はそのことを生徒たちに理解させたかったのであろう。

岡の全生徒を集めての話に関して、生徒たちには「理解できなかった」「矛盾している」「制帽自由化を認めないと言っている」との認識が広がったが、七月九日の「日誌」には生徒の次のような文章が載った。

「今日、執行部から制帽のことで放送があった。これで制帽の問題も解決されそうだ。それにしても今まで校長が生徒を集めて話をしたことはないことだ。それだけに、その意味を適確につかまなくてはならない。僕は校長の話の後で多くの人が「学校側で許さないということはぜったいに帽子をかぶらなければならないのだろう」という声を沢山聞いた。僕としてはまったく幻滅だった。いかに校長の話が難しかったとはいえ、少なくとも高校生である者がその奥にある物を見抜けなかったのは残念だ。校長の話の中では大きな矛盾があった。校長の立場としては許せないが、生徒会の自主的な活動はおさえられないということである。校長の立場として、我々の決議を許したら校長の首が危うくなるのだろう。つまり、今の文部省のめざす方針では岡校長のように、我々の生徒会を正しく認めてくれる校長は邪魔でしょうがないのだろう。それは文部省が我々が自主的に動くのをおさえたいのである。つまり、何の批判力もない、ただ中央権力に従うロボット的な高校生をつくる点を目指している。この大きな社会の矛盾に対し、校長は正面からたたかうことをしなかった。それはT先生も言ったように、双方が傷つくまで闘う必要がある程大きな問題ではないからである。校長は矛盾を認めながら生徒会の決議を生かした。この矛盾はそのまま大きな社会の矛盾なのである。その矛盾に気づかずに「校長のハナシ、ワカランワ……。帽子かぶらんとだめなんだべ。」なんて言っている人達を見ると池田さん〔当時の首相池田勇人〕のロボットになってしまわないかと心配でたまらない。〔中略〕僕が校長と話した時、校長は「他校のように管理はしたくない。教育をしたい。」と語った。我々はこの言葉を十分に考えて校長に感謝しなければならない。そして、我々は本当の人間に教育されなければならないはずである。」

生徒が「H・R日誌」に書いたこの文章から、金倉が危惧していた「社会の反響」にしっかりと向き合い、克服しようとする生徒たちの自立した意志が伺える。

岡は、生徒が書いたように「他校のように管理はしたくない。教育をしたい」と語るほどの優れた教育者であった。彼が「深川西高校を支えるもの」と題して『深川西高新聞』に寄稿した文章を示そう。

「北空知指導研究会において、函館学芸大学〔北海道教育大学函館校〕広田正治教授は高知の丸の内高校と北海道の深川西高校は全国ただ二つの高校として、その特異なる教育に名声を得ているといわれた。特異とは何か。生徒の自由を尊重し生徒の自主活動に委ねる自由の学園西高の姿である。本校を貫く教育理念は生徒の「自主性の伸長」「個性の尊重、自己管理の育成」であり、生徒の自意識の高揚による自由の獲得である。今日ここまで教育が累加せられ、高められて来たという事実、その実績の姿が全国ただ二校の特異性をうち樹てたということであろう。〔中略〕「深川西校《ママ》は自由の学園」というが、その自由とは何か、これこそ数多の先輩が、しかして諸君達が自己の叡智、自己の良識を養い高めて絶対の信頼を捷ち得たものに他ならない。教師は生徒に安心と信頼をもってその夢をたくし、生徒と教師、自他一体をして生活の個々の人間像形成に協力、努力する。そこに自由の姿は見られ、西校の学問は存するものである。要は生徒諸君の自意識に俟つべきもの、西校に歴史があり、歴史に盛算ありとすれば、それこそ生活の自己意識の消長を物語るものである。しかし、自由とは自己の意識、良識によって、自己の生活管理を適正に行ない、他の何ものからも制限されざる自主活動である。自己意識の低調と貧困は真の自由の瓦解を招来するものと思われる。〔中略〕この頃「人づくり」という詞がいわれるが、人はつくられるものであってはならん、自分で自分をつくるものであってほしいと念願すべきではないか。全校の生徒諸君、どうか、自己の心を育て、自意識を高揚して、自主活動を強力に行ない、楽しい自由の学園をよりよく楽しく高度なものにしていただきたい。」

(『深川西高新聞』第五三号、一九六三年二月二六日)

ここで、岡は自らの教育観、深川西高の評価、生徒会の自主的活動、自由の学園についてをまとめて述べ、そして、時の政府の教育行政への批判も的確に行っている。とくに注目されるのは、自由について「自由とは自己の意識、良識によって、自己の生活管理を適正に行ない、他の何ものからも制限されざる自主活動である」と明確に述べていることである。彼が考える自由は、自己管理が適正に行われるところに存在するのであり、自己管理は高い教養と人間像の形成がなされてはじめて身につけることが出来ると説く。

「制帽の自由」を決めた全校生徒を集めて、彼らに訴えたかったのはそのことだった。そして、学校内の民主主義と自由は、一歩外へ出た社会での民主主義と自由とは大きく違って、矛盾している。残念ではあるがそのことを現実の事象として生徒に理解させようとしたのだ。

岡は、深川西高に赴任して間もなく、新聞会のインタビューに応じている。新聞会の記者が岡校長は柔道五段で相撲も強く、高知の出身であるから「土佐犬のように怖い人」と思っていたと言うと、岡は「私は土佐犬のように上にはかみつくが、君達にはかみつくことがないから」と応じて、自らの立ち位置を生徒にはっきりと示した。また、西高生の印象を問われたのには「あなた達からは、清潔さが感じられ、純真そのもので良い感じを受けました。あなた達は温室の中の植物のように外部と遮断されているので清楚そのものですよ」と応えている。彼は深川西高に赴任してきてすぐに、深川西高の生徒と一歩外の社会との間の矛盾を察知して、ここに危うさを感じていたのだ。

私はここで、三島孚滋雄のことを思い起こした。彼は深川高校に校長として着任した翌年に三つの「教育方針」を示した。その一つに「鍛練主義」があったが、この言葉は少し古めかしく、平和主義、民主主義を唱えてきた三島には不相応な言葉で周りからはすぐには理解されなかった。しかし、時代の逆流が強まる当時の社会状況にあって、民主主義教育と自由の学園を創造するためには教師と生徒にそれに抗する知識力と実践力が必要であり、それらを身につけるための鍛錬が要求されているというのが、三島の意であった。岡の思いもここにあったのではないか。

岡は一九六二年五月一日に壮瞥高校から赴任して、一九六四年三月三一日付けで定年退職したので、深川西高にはわずか一年一〇ヵ月しか留まらなかった。

## 11　映画鑑賞活動

深川西高は映画鑑賞が盛んで、その最初は、旧制中学校の時代で、一九三九年三月一日に「映画「路傍の石」鑑賞許可」とある。当時の中学校では生徒が映画を見ることは禁止されていて、生徒は「鑑賞許可」が出された作品だけを見ることが出来た。一九三九年度には映画「王政復古」鑑賞、「皇道日本」鑑賞許可、一九四〇年度は防諜映画「武器なき敵」、一九四一年度は「美の祭典」、「土と兵隊」、「弾雨の歌」をそれぞれ鑑賞している。一九四三年度は「マレー戦記」、戦争末期の一九四五年度の六月には「斯くして神風は吹く」を鑑賞している。ちなみに「美の祭典」はレニ・リーフェンシュタール監督のベルリンオリンピック（一九三六年）の記録映画である。戦時中はどこの中学校でも同じであったのであろうが、戦意を高揚するためのプロパガンダ映画を鑑賞させられていた。

これが戦後になり、深川女子高と合併して深川高等学校になってからは社会問題や平和をテーマにした映画作品の鑑賞が多くなる。一九五〇年度は「戦火のかなた」、「四つの自由」、「きけ、わだつみの声」、「長崎の鐘」、「自転車泥棒」を鑑賞している。

映画鑑賞とともに深川西高に特徴的なのは劇団を招いての演劇鑑賞がある。一九五〇年の俳優座観劇をはじめ、一九五一年の新協劇団「幽霊」の観劇、一九五三年の前進座観劇、一九五四年の前進座観劇、学校祭のプログラム演劇教室での劇団中央芸術劇場による「彦一ばなし」と「富士山麓」、一九五六年の劇団中央芸術劇場「こわれがめ」、一九五七年の新制作座「泥かぶら」などを鑑賞している（「沿革史抄1〜3」『二〇周年記念誌』）。

また、生徒会が自ら図書館建設基金や学校祭の資金造成のための映画会を開催している。映画館主と相談をして上映する映画を決め、映画館を三、四日間借り切って、生徒自らがチケットを販売して基金を調達するのである。私は学校祭資金を調達する映画会を経験したが、「奇跡の人」や「西部戦線異状なし」、「禁じられた遊び」、「武器なきたたかい」などを上映したことを覚えている。

深川西高のこうした映画、演劇鑑賞は、映画作品の評価を生徒自身が行えるまでの力をつけさせた。『二〇周年記念誌』の「沿革史抄（3）」昭和三一年度の項に、「九月六日　映画「狂った果実」鑑賞は各自の判断にまかせる旨決定」とある。一九五六年、石原慎太郎の小説「太陽の季節」「狂った果実」が続けて映画化された。「太陽の季節」は五月に公開されて映画倫理規程管理委員会から成人向き映画に指定されたが、七月に公開された「狂った果実」は成人向き映画には指定されなかった。しかし、この映画は太陽族を描き、強姦や暴行の性犯罪と結びついた描写が多く、青少年には悪い影響を与えるとして未成年が観ることを禁止する自主規制が各地で相次いだ。当然、北海道や深川を中心とする北空知地域でも自主規制の動きが起こった。北海道教育委員会や校長会などが動き出し、学校として禁止を決めて生徒たちがこの映画を観ないように指導・監視を強めた。しかし、深川西高はこの動きに乗じなかった。「禁止」とはせずに、「各自の判断」として、生徒の自主的な判断に任せたのである。

その時のことを宮武は先の回想録で回顧している。

「「太陽の季節」「狂った果実」は、ともに石原慎太郎を原作者とした映画であった。未成年者立ち入り禁止と銘打ったいわば後ろ暗い成人映画である。教育委員会広報には有害映画と指名して学校にも配布された。校長会や生徒指導協議会は、生徒には見せず、観覧させることを好ましからずと指令し、学校ごとに、教師数人宛てが当番を作って映画館を見張りし、出入り生徒を監視する方法をとるよう懇ろに指図してきた。指令に付随して、生徒会間の相互交流や語り合い、連絡交信は健全な生徒会の育成を妨げる虞れありとする北海道教育委員会からの指示があった。〔中略〕。
深川西校生徒会執行部は、件の映画に対し大まかには「愚劣低級俗悪を把握認識して判別すべきこと」とし、図書委員会を主体に、学芸委員会を補いにして、全クラスに学習会・討論を呼びかけた。〔中略〕。選択する能力を持っているから「禁止」は不要であると、自主自治の態度に終始することを生徒会は打ち出したのである。呼びかけに答えた論議の末に、教師の中では映画館前に立ちんぼして見張りするものはなく、立ち現れる生徒の影はなかったと映画館のモギリばあさんは証言した。」

映画や演劇などの芸術に関しては、たとえそれが今回のように「愚劣低級俗悪」なもので、およそ芸術とはほど遠いものであっても、それを上から一律に禁止するというのはあってはならないことで、これらの評価は個々に任せられるべきで、われわれにはその能力が備わっているというのが深川西高生徒会の姿勢であった。これは、普段からいろいろな映画を観て、論評し合い、評価する訓練がなされて、その力がついていなければできないことである。一人ひとりの生徒に映画を観る眼が養われていることが必要だった。その能力を獲得させるのが深川西高の教育であった。
しかし、こうした深川西高のやり方がそのまま北海道教育委員会や地域の校長会、生徒指導協議会に受け入れられたわけではなかった。周辺校からの反発をよんだ。

「映画館巡回、観覧禁止映画の告示などは行わず、生徒が選択できる知性と情趣を持つ豊かな成長期であるならば、教師はそこを信頼する故に、禁止を以って安易な管理に代替し、以て指導する方策は採らなかった。これは、指導連盟に拠る周辺校から激しい攻撃を浴びせられる因であった。「喫煙の自由、エロ映画を観る自由」が指導理念か、との蒙昧であった。若い教師群は、ことごとく反発した。「禁止」の札をブラ下げれば、生徒は禁止札を下げる鎖の下をくぐらないと考えるお坊ちゃまたちの上品な教養主義を腹の底から揶揄した。」

（宮武、同上書）

深川西高の教育は、いつも道教委や校長会等からの非難にさらされていて順風満帆とはいかなかったが、それに対して教師と生徒は協力して抗い、自主と自治、民主主義を貫いて「自由の学園」を築きあげた。

## 12 「生徒会の歌」と「学生の歌」

深川西高には校歌がなかった。一九五〇年四月、深川中学校は深川女子高等学校と合併して男女共学の深川高等学校となり、それまであった「深川中学校校歌」は歌われなくなった。一九五四年二月四日に校歌募集が行われた。この時の校歌募集では入賞はなく、教師の竹内晃と生徒の太田清の作品が佳作に選ばれた。それぞれの詞に音楽教師の佐々木昭が曲を付けて誕生したのが「生徒会の歌」と「学生の歌」であった。この二つの歌は「校歌」とはされなかったが、生徒会行事や学校行事等でいつも歌われた。「校歌」はなかったが、深川西高生は「生徒会の歌」と「学生の歌」を歌うことを誇りとしていた。

「学生の歌」を作詞した一九五四年三月卒業の太田清は、後に作詞した時の時代的な背景と深川西高の雰囲気、その時の心情を書いている。

「今から考えると、あの当時の高校はおおらかで、若いエネルギーが自由闊達に、自らの可能性に挑む時間と空間があったように思う。学校祭の展示の準備が遅れ、その作業に夢中になって、終電車に間に合わず学校の教室に泊まり込むという芸当もやってのける余地があり、失敗をおそれない試行の鮮烈な閃きがあった。神社の境内の村祭りの芝居小屋の股旅ものが拍手喝采な文化事情のなかで、それがなんと高校生が「映画劇場・深川座」を借り切って、現在も活躍中の俳優、先輩の山田吾一*、松山照夫**らが翻訳劇「フィガロの結婚」を上演するというようなことが、教育という枠組みのなかで可能だったのである。戦後民主主義の思潮が、「深川西高の教育」という場で、脈々と息づき、新しい伝統を構築していた時代に、私がいたのである。

思想や文化が戦後の自らの在りようを問い始めた頃、朝鮮戦争が始まり、特需景気とともに日本の旧体制が復活の兆しをみせ、占領国アメリカの思惑もあり、思想や文化の弾圧を始めたのである。マルクス・レーニンによる共産主義思想の勢いと浸透を恐れてのことで、サンフランシスコ条約締結、戦争を放棄したはずの日本の再軍備、そして日米安保条約と進み、資本主義国として政治も経済も走り出したのである。当時の深川西高《ママ》校三島校長は「教え子を戦場に送らない」の考えのもとに、防衛大学を志願する生徒に再考を促し、校長として願書を受理しなかったので、社会的に大きな問題となったことも忘れがたいことである。

文芸誌「うまごやし」の発行、詩集「反逆児」の共著、人形劇サークルで演じた「王様の耳はロバの耳」、夏休みの課題「開拓と屯田兵」の原稿用紙一〇〇枚以上の古老を訪ねてのルポ、弾圧のかかったなかでの郷土の画家、赤松俊子***の「原爆の図」の展覧、歌舞伎劇団「前進座」の公演、皇居前のメーデー事件で車炎上の科で追われているという白いマスクの自称炭坑夫を厳冬の原野の秘密のアジトに案内したこと、あの台風一五号が津軽海峡で青函連絡船洞爺丸を沈没させた日に、公安警察に付け狙われて苦悶していた人形劇の後輩、森田科二君の自殺「あゆみ会事件」など、その頃の思い出は尽きないものがある。

私は、その頃、自らの思考や情熱をそのまま言葉に叩きつける素朴な詩を書いていて、たまたま深川西高流に「校歌」を教職員と生徒のなかから募集することとなり、応募したところ、佳作入選となり、どういう経過は知らないが、その後、「学生の歌」として残されたのである。みなぎる情熱のほとばしりのままに、一気に書き上げたもので、味もそっけもない無骨な歌であるが、その背景には、「深川西高」の戦後民主主義の生き生きとした教育活動があり、その時代を生きようとする者の未来にかける虹のロマンがあったことをここに明記しておきたいのである。」

（太田清（高六期一九五四年卒）「みなぎる情熱のほとばしり――学生の[****]歌・作詞の背景――」『六〇周年記念誌』）


太田の寄稿文は、「学生の歌」が作られた頃の時代と深川西高の雰囲気をよく伝えている。

戦後、深川西高は学園内に民主主義と自治を確立して、「自由の学園」を形成しようと生徒と教師が一体となって格闘していたが、朝鮮戦争を機に歴史的な逆流が起こり、深川西高の「自由の学園」づくりの努力は国家の手によって阻まれようとした。校長三島孚滋雄の「保安大学校受験拒否事件」等を要因とした宮城県白石中学校への転出、三島が去った後の一九五四年、文部省は「教育二法案」提案の根拠として「偏向教育の事例」二四件を提示したが、その中の一件に「深川西高」を含めた「教育二法偏向教育事例事件」、そして二年生の森田科二を犠牲にした謀略的な「あゆみ会事件」が引き起こされた。この激動ともいえる時期に「学生の歌」が、生徒であった太田によって作詞された。この詞は太田自身が言うように「背景には、「深川西高」の戦後民主主義の生き生きとした教育活動があり、その時代を生きようとする者の未来にかける虹のロマンがあった」時代に作られた。だから、この歌はその後、深川西高の生徒たちによって長く歌い継がれてきたのである。

この時、同じように「生徒会の歌」も作られる。作詞は教師であった竹内晃であった。「学生の歌」と並んで、この「生徒会の歌」もよく歌われた。「校歌」ではなかったが、この二つの歌は深川西高生のシンボルであり、誇りであった。「校歌」がないことも深川西高の「らしさ」であり、プライドであった。

＊山田吾一（一九三三－二〇一二）、俳優。高三期一九五一年卒。
＊＊松山照夫　一九三二年生まれ、俳優。高三期一九五一年卒。
＊＊＊赤松俊子は丸木俊（一九一二－二〇〇〇）、画家。秩父別町出身。
＊＊＊＊文中では「生徒会の歌」と表記されているが、「学生の歌」が正しい。編集上のミスと思われる。ここでは訂正して記述した。

## 13　暴力事件の処分に関する他校との違い

深川西高の民主教育と「自由の学園」の根本にあったのは、生徒の自治と民主主義、「一人はみんなのために、みんなは一人のために」の精神であった。この精神の具体化は、仲間の誰かが問題行動を起こした時、ホームルームで、全学年で、全校でその問題がなぜ起こり、起こした人だけの問題なのか、どうしたら解決できるのか、これから起こさないようにするには何をすればよいのかを考え、討議することだった。この討議が「自由の学園」を支えた。

「H・R討議」は席替えのようなごく些細なことから、暴力問題を起こした当事者の処分というその人の人生にもかかわる大きな問題までが議題にされた。その意義について、大学に進学した卒業生は他の高校から来た人たちと接して、再確認している。

「いろんな高校から来た人と出身校の話をするとき、西高を誇りをもって話せるときは本当にうれしかった。

例えば、いわゆる「非行」について、西高のように秩序維持委員会で生徒の手で行っている学校は全国にないようです。しかも、西高程それが正しく処理されたところもないようです。校長が決める学校がほとんどですが、きびしくされればされるほど、教師と生徒の信頼関係がうすれ、「非行」が余計ひどくなった例が多い。全国どの学校をみても、「たばこ」や「暴力」問題を、西高程、真剣に考えたところはない。学校側（校長でしょうが）が、一人一人の実情も知らず処分するところ（実は教育者として生徒を教育することを投げ出すことなんですが）は、その裏に逆に非行をある程度黙認しているところが多く、不真面目な社会の汚い面をいやおうなしに押し付けられた生徒がでてきてしまいます。というのは、自分のことも分かってくれず処分され、しかも、その処分も形式的であれば、反省どころか学校の言う「反省」とはくだらないものであり、学校なんて自分にとって何にもならないと思うし、学校は世間の目を気にして処分したとしか考えようのないことになり、そのいやらしさを思い知らされるのみであるからです。〔中略〕。勉強や高校生活は、先生の教育は勿論でしょうが、仲間同士がお互いに励まし合い、お互いに鍛え合うことが一番大きいことですし、そういう状態を作るのが教育者であろうと思います。そういう意味で、私は西高での一番大きな収穫は「自主性と責任の精神」であったと思います。それからくるクラスメートとの仲間意識は、他の学校にない立派なものであったと思うのです。」

（M（高一六期一九六四年卒）「西高で学んだ三年間」『凍原に生きる』第五号、一九六七年八月）

暴力問題が起こった時の深川西高と他校の対処の違いを象徴する出来事がある。

一九六四年四月二五日（土）に暴力事件が起きた。当時、北空知地域には、深川西高のほかに、深川東高、一已農業高、妹背牛高、沼田高などの高校があったが、それらの高校間で一部の生徒同士の争いが生じ、沼田町に集まって「決闘」に及んだ。深川西高からは二年生の三人が関係していた。生徒たちは警察に補導され、ラジオや新聞でも報じられた。学校側はその事件にかかわった生徒たちの処分を行ったが、その処分方法は、深川西高と他の学校とでは大きく違った。深川西高では秩序維持委員会を中心にして当事者から聞き取り調査を行い、その調査結果が全校生徒に報告されてクラスごとの全校討議に付され、処分はその討議の結果によって行われた。しかし、他の高校では職員会議や校長の判断で、退学、停学等の処分が一方的に行われた。当時の高校ではこれが普通の方法であった。

これを知った三年一組の「H・R日誌」は、他校の処分方法に疑問を呈して、再びこのような問題を起こさないような各校の対応が求められると書いた。

「今朝のラジオニュースで先日の「決闘事件」について、各校の処分を発表していた。たいていの学校で退校処分になったものがいる。しかし、ただ退学にしたり停学にしたりするだけでその人の反省と再起を望めるだろうか？　一人の力は弱いものである。みんなで話し合ったりして何とかもっと良い方法を見出してほしいものである。西高の処分が注目されるかもしれない。しかし、学校独自の方針に基づいて正しい処分を行い、お互いに再びこのような問題を起さないように各校と

もよく検討してほしいものである。」（五月一四日）

続けて五月一六日の日誌には、他校での処分の在り方をはっきりと批判する意見が記述された。

「暴力事件の処分が各校で行われて、西高でも今日討議があった。先日、他校の生徒と風呂（銭湯）であった。彼とは中学校時代の友達であり、懐かしかったが、彼の学校での生徒会は全く形式であって、この前の事件については生徒の意見は全くとり入れられず、職員室のいやらしい会議で、退学、停学の処分が行われている。この処分で、その生徒はこれからどうなるか疑問である。もし、自分が校長になるとしたら、どんな悪質な事、これには限度があるが、この前の暴力事件の処分は絶対にあのような処分にしなかったと思う。いずれにせよ、農高はじめ、各校の処分に不満である。」

他校の処分の在り方に疑義を呈しながら、深川西高では全校での討議が行われて処分を決定したことが報告されている。

「今日のＨ・Ｒで、事件当時者の三人の処分が我クラスで決定された。全校謝罪の声が強い。これがたとえ形式になったにせよ、何かそこにプラスアルファの物が本人にとって得られて、またこの生徒会組織が他校にまさっているものだと思う。自分の目的を考えて、着々と進めばこの種の問題は起きないと思う。Ｈ・Ｒでの我々のクラスの意見は、当時者の居るクラスでも反省の色を見せて、クラスで絶対に見守っていくという事だから、そのクラスで反省文を提出するという事にしようと決まった。」（五月一六日）

他のクラスや他の学年のことであろうが深川西高では問題が起こると、全校生徒がその問題を考えあい、話し合った。しかし、生徒の中でこれらの問題がすべて前向きにとらえられた訳ではなかった。同じようなことが何度も繰り返されると、話合いのための時間がとられることを嫌がって、自分たちで解決するより学校で処分した方が簡単で効率的だとの意見も出てくる。

「放課後、秩序〔維持〕委員会が開かれるようであるが、土曜日の午後のけんかの事について話されるようである。西高からも三人が参加していたようだが、これから又も長い討議が行なわれるような気がするが、こんな問題ばかりに討議の時間をついやすのはもったいないと思う。各自の自覚が必要であると思う。」（四月二七日）

この生徒の意見に対して担任の教師は、「所感欄」で応える。

「自らの手で規則を作り守りあっていくことはずい分手間と時間のかかることで、大変なことだ。みんなは時には面倒くさくなり、事を起こした友人を恨んだり、自主活動の場を学校に返してしまいたく思ったこともあっただろう。主体性など結構だと考えたりもした事と思う。だが、今もう一度、西高の自由、自律について考えさせられる機会が来ている。一人一人じっくり考えてほしい。」

教師は、西高の自由、自律についてもう一度じっくり考えて、「西高の自由」を守るための自主的、主体的な活動の意味を話し合うように助言している。深川西高ではいつも生徒と教師が一緒になって自治と自律を基礎とした自由と民主主義を自分たちのものにしようと苦悶していた。

仲間を守り仲間と一緒に成長するためには、学校長や職員会議にすべてを任せてしまうのではなく、時間がかかり大変な労力を要しても、みんなが納得できるまで粘り強く話し合うことを大切にした。「一人はみんなのために、みんなは一人のために」の精神がその支柱となっていた。

## 14　大きかった女子生徒の力

深川西高の特長として女子生徒の存在があげられる。私たちが在学した一九六〇年代は、一学年三〇〇人のうち男子が二〇〇人、女子が一〇〇人くらいであった。女子は人数的には男子より少なかったが、その存在感は大きかった。クラスやグループ、サークル活動の中心は女子生徒が担い、その意識も高かった。

クラスやサークル活動に女子生徒が積極的に参加し、それらの日誌にも意欲的に記録していることは前にも見てきたが、クラス討議においてもいつも正論でリードし、男子生徒が照れ隠しのために悪ぶったり、斜に構えた意見や態度を見せることを厳しく批判した。「問題発生源としての男子と、変革要因としての女子」との構図ができていて、男子は女子からの批判の的になっていた。また、女子生徒は生徒会役員にも積極的に立候補し、委員会の責任者を担当した。特に、秩序維持委員会は暴力問題や生活の乱れを生徒間で解決する重要で難しい委員会であったが、その委員長に女子生徒が就くことはめずらしくなかった。

こうした女子生徒の積極的な活動は、たまたま活発な女子生徒がいたということではなく、深川西高の生徒会や学習活動の中で培われて伝統的な力として築き上げられてきた。深川西高の女子生徒が、最初から力を備えていたわけではなかった。

現在の日本では、ジェンダー平等が課題とされて女性差別をなくするための社会的な取りくみが行われている。まだ十分とは言えないが、当時の状況は今以上に酷いもので、女性は結婚したら専業主婦になるのが当たり前という考え方が支配的で、女性の社会進出は遅れていた。特に農村地帯にあった北空知ではその傾向が強かった。

そんな風潮の中で、『深川西高新聞』第五五号（一九六三年七月三日付）は、「女性の能力はおさえられている—なぜ低い社会意識」という記事を一面を使ってとりあげて、女性問題を特集した。同紙の第五三号（一九六三年二月二六日付）で新聞会が全校生徒を対象に、高校生活に関するアンケートを実施してその結果を公表したが、その中で「現代の政治や社会状態に不安を感じますか」との問いに八〇％の生徒が「不安を感じる」と答え、「その社会不安をどうしますか」との問いには「社会に働きかけて改める」と答えたのは、男子が三〇％、女子が一九％で大きな差となって表れた。新聞会はこの結果から「男女平等になったとはいいながら、女子のなかにはまだまだ『男子に劣る』という意識が残っているようだ。それを自分の手で根本的に直さない限り、女性の精神的地位の向上はあり得ない」と結論づけた。このアンケート結果が、同紙第五五号の「女性問題特集」のきっかけになった。

この特集を組むにあたって、校内での生徒へのアンケートや町で働く女子労働者、母親たちへの聞き取りを行っている。

校内での生徒へのアンケートで明らかになったのは、男女に能力の差はないが、女子は「家庭で勉強の必要はないと言われる」「家事の手伝い」「体力がない」などの理由で家庭での勉強時間の確保が男子に比べて困難が生じていることであった。これは一般家庭にいまだに根強く存在する「良妻賢母」という女子教育の考え方であり、それを助長したのが文部省の「一九六〇年度学習指導要領」の改訂であった。この「新学習指導要領」は女子の選択科目であった家庭科を必修科目にした。この「新学習指導要領」について、三年生の女子の八一％が「男子と区別し差をつけている」と答え、反対を表明している。しかし、一年生の女子は反対が二四％で、四九％が「女子の将来のためには良い」と答えている（三年生は一〇％）。一年生と三年生の意識の違いが鮮明に出ているが、これは深川西高で三年間生活し、学んだ結果が反映されているとみていい。

新聞会は、この問題を考えるためにさらに校外の働く女性に男女の賃金格差について意見を求めて、「給料の男女差は当たり前としてとらえられている。ほとんどの女子労働者は「初任給は同じですが昇給の度合いが違います」と述べ、「男性は一生の仕事だし、家庭を持たなければならない。女子は一時的な職業ですから、これでいいのです」と言っている。結婚後は、男性に頼るという多くの女性が、こうして男性のために女性の賃金が安いのは当然だと言っている」と報じて、女性の意識を問題視している。

また、母親たちの意識や生活にも言及して、「娘の結婚の条件は、経済的に豊かであり、大切にしてくれる人を第一に考える。教育を子供の個性をのばし、独自の人生を歩む能力を養うものと考えない。成績をよくして、収入の保障された高級会社に選択の余地なく勤めることを子供の幸福と考える。〔中略〕選挙などは無関心である。縁故関係や夫に従ったものであり、その場限りの場合が多い。〔中略〕家庭だけの利己的な幸福を求め、科学的に社会現象を見ることができない。生活の不安を宗教などでごまかそうとするのも女性に多い。家庭にこもった女性たちの社会意識に欠けた生活の一面である」と厳しく指摘している。

こうした女性の意識や生活が遅れていると指摘しながら、そうした風潮に抵抗して深川西高では女性史を勉強する動きもみられるとして、井上清『日本女性史』や唐沢富太郎『学生の歴史　女学生の歴史』を読んでの感想を紹介している。また、深川西高の生徒寮では、それまでは女子だけの当番とされていた炊事の手伝いを男子も分担することになり、男子だけがしていた台所の煙突掃除を女子も協力することになって「男女平等の精神がみんなの頭の中にうちたてられた」と報じている。

深川西高では女子が前面に出る雰囲気がいろいろな機会を通して積極的に作られた。ホームルーム討議を女子生徒がリードし、生徒会役員の任に積極的についたのはこうした普段からの努力があったからなのだ。深川西高で培われた女子の力は、彼女たちが卒業後、就職したり進学した場所でも発揮された。大学に進学した女子生徒の一人は、各地の高校から来た人たちで構成されたクラスで話し合いをすることになったとき、彼女がその話し合いをリードしてみんなから驚きと敬意をもって見られたと語っていた。彼女は深川西高時代には特に積極的に役員になったりする人ではなかったが、西高生活の中で民主主義の基本としての話し合いのルールが自然に身についていたのだろう。

## 15　生徒会活動家生徒と一般生徒の確執

これまで、深川西高生徒会の「自由の学園」をめざす取り組みと生き生きとした学園生活を描いてきた。当然のことではあるが、すべてがこれまで書いてきたように順調に進んだ訳ではなかった。どこの高校にも見られた活動家生徒と一般生徒との隔たりは存在した。深川西高の場合、この隔たりと確執は生徒会活動が活発だっただけにより大きかったかもしれない。

深川西高の生徒会活動がピークに達し、学園自治が全面開花したと評価された一九六三年から一九六五年にあっても、一般的な高校生活における暴力、飲酒、喫煙、土足、エスケープ等の問題はなくならなかった。これらのネガティブな問題について、生徒会の役員、活動家は、

「些細なこと」として決めつけ、「たばこや酒の問題はもう解決して下さい。土足や遅刻もやめて下さい。そんなさ細なことは子供ではないのだから自分で解決できるはずです。みんなでやらなければならない大きな問題があるのです」(「一九六三年度答辞」)とか、「このような小さな事が次々と問題になり、生徒会活動がこれらの事でつまずいていては本当の意味での活動がなされなくなる」(一九六六年度答辞)などと言って、他にもっと大切なことがあるとの意識を強く押し出した。金倉は、「要求をとりあげ要求でたたかうことではなく〔活動家生徒たちが〕自らの啓蒙主義的な立場を優先したこと」がこうした決めつけを生じさせた原因であると指摘した(金倉、前掲書)。

深川西高の生徒会がH・R討議を重視し、「一人はみんなのために、みんなは一人のために」と仲間を大切にすることを追求してきたのは、生徒の学校生活における日常の些細なことをとり上げ、その根底にあるみんなに共通する要因を見つけ出してみんなの問題として話し合うことであった。日常生活の中で起こる土足、遅刻、エスケープ、喫煙などをしつこく取り上げて、当時者だけでなくみんなの問題として話し合ってきた。それが深川西高の生徒会の活動の基本になっていたのだが、生徒会活動がピークに達した時、活動家生徒の一部はその基本を忘れ、生徒会が日常の生活ではなく、社会的な大きな問題に目を向けなければならないと飛躍させた。活動家生徒の社会への焦りのようなものが、一般生徒との矛盾を引き起こすことになった。

教師が団結して生徒を指導する体制が維持されていた時は、まだ活動家生徒の誤りを指導することができたが、後述するように教師の指導体制にひびが入り、一致しての指導ができなくなってからは、H・R討議が思い通りに進展せず、教師からの指導も十分に行われなくなり活動家生徒の焦りは増すばかりだった。一九六六年度の答辞はそのことを反映していた。

また、活動家生徒に生じたエリート意識も看過されてはならない。活動家生徒は、エリート意識を自覚してはいなかったが、深川西高の「自由の学園」「民主教育」を生徒会が担っているという誇りと自負は持っていた。この「誇り」と「自負」がエリート意識に繋がって啓蒙主義を生み出し、意識はなかったが上からの目線が生じたことは否めない。一般生徒との間に隔たりと矛盾を作り出した。

エリート意識について生徒会の役員を経験した生徒の思いを紹介する。

「深川西高、素晴らしい学校で生活をしたことに誇りに思う。〔中略〕しかし、最近になってよく考える。果たして二年の時歩んだ道は自分にとって本当にプラスとなり、また正しかったのだろうかと。監査委員、生徒会長と生徒会活動をただ夢中になってやっていたとき、僕はどのような人間になっていただろう。エリートの存在の否定、全員の向上を呼びかけながらも自分自身、自然とそれらを進行するような事をしていなかったのか、己の体内に他の人への優越意識、一種のうぬぼれ、そして自分は選ばれたエリートなんだという意識を持ってはいなかったろうか。」

（K（高一八期一九六六年卒）「雑感」『一九六五年度三年三組文集』）

また、当時、一般生徒を自称した生徒の思い。

「学校においての私は、西校の諸活動に無関心であった。でも私は、西校で自由に行動できた事を感謝しているけれども、西校の根本にながれる考え方に同調はできなかった。〔中略〕それから俗にいう活動家のエリート意識のぷんぷん臭うような考え方にとうてい追いついていけもしなかったし、反発もした。〔中略〕とにかく私には、むしょうに反発し、反抗する気持ちが、内向的に働いていていたのである。活動的な人たちのエリート意識から離れよう離れようとしていたこの気持ちに同調してくれる人は何人いるでしょうか。」

（K（高一八期一九六六年卒）「うつつをぬかす……」『凍原に生きる』第三号、一九六七年三月）

生徒会の活動家も一般生徒もそれぞれにエリート意識について考えて反発したり、反省したりしていた。この問題はほとんどの高校の生徒会活動において、活動家生徒と一般生徒の確執として現れて、避けて通ることはできなかった。深川西高においても同様であった。

# Ⅵ　強制不当配転

―一九六六年三月の「ミサイル人事」―

## 1　背景

北海道教育委員会（以下、道教委）は、自民党や財界の新たな教育政策、「人づくり」に忠実に従う形で「広域人事五ヵ年計画」を作成して道内の九〇％の教員を一九六五（昭和四〇）年度から五年間で全道的に広域強制配転することを決定した。

一九六〇年の「安保闘争」で岸信介が首相の座を追われて、その後、大蔵官僚出身の池田勇人の内閣が誕生した。池田内閣は安保闘争での国民の反対運動の広がりに大きな衝撃を受けて、厳しい政治的対立を転換し、経済成長を最優先させる道を選んだ。「所得倍増計画」を打ち出し、日本は財界を含めて高度経済成長への道を歩み出した。

この方針は教育にも影響を及ぼし、一九六二年の教育白書は「日本の成長と教育」と題されて経済成長を推進するために経済の効率を優先させる教育投資論を展開した。そして、翌年には経済審議会が高度経済成長下での教育政策の基調となる「経済発展における人的能力開発の課題と対策」を答申した。この答申は企業が後期中等教育を労働力需給の方策として利用することを明確にし、高校を多様化して適性・能力に応じた進路選択を子どもたちに迫った。この行きつく先は、子どもたちに激化する受験競争を強要し、偏差値による選別を押し付けるものであった。

さらに政府、企業は、子どもたちの人間性にまで踏み込んで企業に従順な人づくりを企図する。一九六三年六月、文部省は中央教育審議会（中教審）に「後期中等教育の拡充整備について」を諮問し、一九六六年一〇月、中教審は「教育訓練を通じて、人間形成上必要な普通教育を尊重し、個人、家庭人、社会人および国民としての深い自覚と社会的知性を養う」としてあるべき国民の姿を示す「期待される人間像」を答申した。後期中等教育は適性、能力に応じた有能な労働力を育成することと企業、政府に従順な人間を育成することがその目的とされた。

政府、財界の「人づくり」政策は北海道の教育にも大きな影響を及ぼすことになる。道教委はその教育政策をいち早く具体化するために、教職員労働組合の弱体化と戦後進められてきた民主教育の壊滅を戦略目標に掲げて、教員の全道的な広域強制配転を行う「広域人事五ヵ年計画」を策定し、深川西高のような民主教育を実践している学校を狙い撃ちにした。

道内全域にわたる広域配転によって、異動の対象になった教師は気候も環境も全く異なる地域へ赴任させられる。本人の意思は無視されて全道のどこへでも飛ばされるということで「ミサイル人事」と称された。この人事異動は赴任先が変わるというだけでなく、異動を強制された教師の生活を崩壊させることにもなった。

北海道は全国に比して、政府、財界がめざす教育統制は遅れていた。戦後の民主化の中で一九四七年四月に行われた第一回統一地方選挙で日本社会党の田中敏文が初の民選知事に当選、田中はその後三選を果たし、一二年間にわたって革新道政を担った。文部省は日本の逆流が進む中で、教育委員の公選制を首長の任命制に変えたり、高校三原則（総合制、男女共学制、小学区制）を能力に応じた多様な教育機関を構想して否定するなど、地方教育への統制を強めたが、北海道の教育委員会や校長会は革新道政の下で必ずしも文部省の方針に従うことにはならなかった。しかし、一九五九年、自民党の町村金五が知事に当選し道政の保守体制が確立すると、それまでの教育行政を早急に変えて、他の都府県に追いつくことが道教委の使命になった。こうした事情もあって、道教委のやり方はより強引であった。

## 2　深川西高での経緯

道教委は深川西高の民主教育を崩壊させるための一環として「広域人事五ヵ年計画」を前面に押し出した強制人事異動を強行した。一九六六年三月一九日の突然の異動内示はその表れだった。その経緯を見ておく。

ていた。

## （1）岡部教頭の転出

深川西高への攻撃は、この時に突然始まったものではなく、道教委によって周到に準備されていた。

前々年の一九六四年三月、校長の岡睦樹が六〇歳で定年退職*した後、佐藤安太郎が増毛高校から校長として赴任してきた。佐藤は私が入学した年の校長であったが、一年間いただけで自己都合で退職した。佐藤が一九六五年三月末をもって辞めることがわかっていながら、道教委は同じ時期に教頭の岡部胤共を上磯高校へ校長として転出させた。

岡部は「あゆみ会事件」を解決に導いてから、深川西高を同僚の教師たちと共に民主教育を実践する理想的な学校にたかめる夢を持って、ここに骨を埋める決意をしていた。しかし、道教委からの突然の異動命令があってそれを断ることはできなかった。校長への昇進人事は一般教職人事と違って、内示を断ると教頭職から降格させられる慣行があった。岡部は周囲に「ここで辞めてもいい」と漏らし、周りの教師たちも岡部の転出を阻止したい気持ちではあったが、岡部が校長になって、赴任した学校で新たな民主教育の学校を作り出すことが北海道や日本の教育にとっては必要なことと考え、苦渋の選択をして送り出すことにした。**

岡部の異動は、それまでの道教委の人事慣行から見て異例なことであった。まず、この異動が年度末ギリギリでの発令で、ほとんどの人には転出が知らされなかった。岡部は深川西高の前身、旧制深川中学校創立の年から二七年間も勤務していて、卒業生に信頼され、地域にも影響力を持った人であったが、深川を発った時の見送りは少なかった。これは、岡部の深川西高転出があまりにも急なことで、広く知らされていなかったためであろう。

もうひとつは、校長、教頭が二人そろって退職、転出するというのは通常はあり得ないことであるが、この時は校長、教頭に合わせて事務長も転出している。三人の管理職者が一度に転出するのは生徒の教育の継続性や学校の運営上考えられないことで、こんな杜撰な人事は普通あり得ない。岡部を深川西高から切り離そうとする道教委の強引な意図が見てとれる。

森谷が『北海道深川西高校「あゆみ会事件」―真実と平和な世界を求めて―』で評価したように、岡部は道教委の意を受けて赴任してきた校長や警察、一部の地域有力者、マスコミによって引き起こされた「あゆみ会事件」を生徒、教師、父母、地域、諸団体の団結で乗り越え、深川西高の民主教育を推し進める中心的な役割を果たした一人であった。

岡部が戦時中の旧制深川中学校の時代、まだ一教師であったころから生徒の信頼を得ていたことは、当時の生徒の回想からもうかがえる。

「勤労奉仕とエピソード

①〔昭和〕十九年春、鬼鹿〔留萌管内〕鰊漁手伝い十日間の分宿休憩時に裏山で喫煙する者続出。喫

煙しなかったNの実家は酒、煙草の配給所。悪友の為に両ポケットに詰め込んで戻った途端、激励に訪れた岡部先生（英語）とバッタリ。礼をしたらパラパラと路上に散る煙草。真っ赤になるNを尻目に「ご苦労さん」と悠然と立ち去った温情に感謝。鰊の悪臭もこれで立ち消え……。」

（N（旧中三回生一九四五年卒）「卒業生の回想　序章　渓谷の流路」『六〇周年記念誌』）

戦時中の旧制中学校では、教師の生徒への体罰は当たり前で生徒が悪さをしてその行為が見つかった場合にはすぐにビンタが飛んだ。この回想者もビンタを覚悟したが、岡部はその行為を咎めることをせずに逆に、「ご苦労さん」と生徒にねぎらいの言葉をかけて悠然と去ったという。岡部の人柄がしのばれる逸話だろう。

人間として魅力的で、教育者としても抜群の力を持ち、生徒や教師、地域からも信頼されている教頭が深川西高の中心に座っている限り、深川西高の民主教育を潰そうとして道教委が策を弄してもそれは叶わないことであった。そこで道教委は、岡部を追放して、そのあとに派遣する者たちがやりやすいように地ならしをしたと思われる。

ところがこの岡部の深川西高転出には、さらに奇怪な事実が後に判明した。佐藤と岡部が去ったあとに深川西高に赴任してきたのは、校長に三浦喜多治、教頭にSの二人だった。三浦は後年、自費出版の著書『ふだん着の校長』（自家製版、一九八二年）で「思へば前年のこの日

〔一九六五年三月二六日〕、深川西の教頭〔岡部〕を突如更迭することにして（私が赴任前に）私とS先生はこの室、〔教育〕次長室で会って決めたのであった」と告白している。三浦の文章は分かりにくいのだが、要は、道教委と示し合わせて、教頭の岡部は邪魔なので自分が深川西高に赴任する前に急遽「更迭」することにして、その後任にSを充てることを決めたと言っているのである。当時の道教委が三浦と結託していたのは間違いないであろう。岡部を深川西高から転出させたのは、道教委が仕掛けた「深川西高潰し」の最初の一撃であった。

## (2) 不当強制配転

三浦は一九六五年四月に着任して一年間は静観していたが、一九六六年三月、道教委の「広域人事五ヵ年計画」を盾にとり、深川西高の教育、生徒指導、組合の中枢を担っていた教師の配転を強行した。

彼は三月一九日、突如として六人に異動の内示を行った。三人は異動希望を出していて、そのうち二人は希望する任地が内示されたが、一人（並木孝）は母親が病弱だったので道南の温かい地域を希望していたにもかかわらず、全く逆の網走を提示された。他の三人（熊坂豊、森谷、金倉）は転出の希望を出していなかった。

熊坂は、妻が深川市内に勤務していたが渡島管内の福島高校へ、森谷は、妻が深川東高の教師で、当時一歳八ヵ月になる子どもがいたが釧路管内の標茶高校への転任を提示された。金倉は、旭川に婚約者がおり、その春に結婚する予定になっていた。結婚後も共働きをすることにしていたが、日高管内の静内高校への転任が提示された。道教委の「広域人事五ヵ年計画」は同一校に一〇年以上勤務している者は異動の対象になるとしていたが、金倉はまだ一〇年になっていなかった。異動を内示された六人は全員組合員であった。

一九六六年一月になって新年度の校務体制の準備をする作業が進められていたが、三浦はこれまで職員の合意で民主的に行われてきた校務作成に異を唱え、「学校の一切の責任は学校長にある。従って校務分掌は私が決めるものであり、長年の慣例には従わない。職員会議の決定には拘束されない」と言い出した。しかし、職員会議で何度も話し合いが行われた結果、三浦は職員の道理を尽くした意見に従わざるを得ず、これまでの校務作成の継続にしぶしぶ合意した。そのために新年度の校務体制の決定は例年になく大幅に遅れていたが、三月一五日、ようやく新年度の校務体制が決められ、新しい部長の下に、ひと月の遅れを取り戻すべくあわただしく新年度の準備が進められていた。

ところが、一九日の異動内示はそれまでの努力を一切無視して突然に行われた。内示には新年度の準備を進めていた教務部長、生徒部長が含まれていた。職員会議や組合は三浦への説明を要求したが、彼は「人事は秘密事項である」「公務員に任地の選択権はない」などとし、今回の異動は「道教委が決めたことであり、自分は何も知らない」「道教委の命に従っているだけ」としか言わず、埒が明かない。仕方がないので、強制配点の対象になった三人が道教委へ行って説明を請うても、道教委は「校長から具申があった。校長に聞いてくれ」と言うのみですべての責任を現場に押し付けて、まともに対応しようとはしない。***

　しかしながら、これも三浦自身が前掲の『ふだん着の校長』で「教育庁では人事五ヵ年計画を樹ててその初年度である。十年以上同一校勤務者を対象に異動計画を樹てるから資料を出せ、ということである。私は十三名のリストを作って、どうしても之だけは転出させたい、そうでないと学校の運営は徒らに無駄ばかり出て、さっぱり能率が上がらん、と上申した。しかし四十人中十三人は多すぎるから、ということで結局七人****となった。但し、代わりに入ってくる七人については条件をつけて諒承した。この異動が内示されたのが三月十九日で、この日から戦国時代に突入する」と吐露している。この人事は全て三浦の発案であり、道教委はそれに乗じているということだ。それにしても、一三名もの転出者名簿を道教委に提出したというのは尋常ではない。道教委が示した異動対象者の基準は、同一校勤務が一〇年以上の者となっていたが、当時の深川西高で一〇年以上の勤務者は一七名ほどであった。このうちの一三名をリストに挙げたということになる。さすがに道教委も三浦が提示した一三名をそのまま認めるわけにはいかなかったが、七名は認めた。そこにあるのは、「深川西高の民主教育」を潰すという目的だけだったと言わざるを得ない。

三浦は、三月一九日以降、学校には出て来ず、校長の官舎からも姿を消した。二四日は終業式であったが「病気」と称して欠席した。彼は、北海道教育庁に逃げ込んで人事異動が成立する四月一日をひたすら待った（『ふだん着の校長』）。終業式は生徒にとって一年間の区切りとなる大切な場である。三浦は教育者として、生徒や学校のことは考えなかったのであろうか。

＊この当時は公務員には定年制はなく、六〇歳になると退職勧奨があって役職・管理者はそれに応じて退職した。一般には定年退職と思われていた。役職・管理者でない一般の公務員は、退職勧奨されてもそれを断って、六〇歳以上になっても勤務を継続することが出来た。

＊＊森谷は三浦喜多治『ふだん着の校長』批判を手記にして残した。この「手記」は公開されることはなかったが、三浦と道教委が共謀して行った深川西高の民主教育への攻撃の内容が具体的に記述されている。岡部や教師の思いは、森谷の「手記」を参照にした。

＊＊＊深川西高における「不当強制配転」については、一九六七年四月森谷、熊坂豊の二人が人事委員会に対して「転任処分に関する不利益処分審査請求」を行い、森谷が意見陳述を行った。この内容は深西民主教育を守り育てる会編「転任処分に関する不利益処分審査請求事案　第八回準備手続速記録　森谷中立人の意見陳述　昭和四二年四月二七日」に収録されている。

＊＊＊＊広域人事異動の対象になった六人とＳ教頭の異動を道教委は認めた。なお、この時の人事異動では深川西高から八人が転出したが、その内の一人は定年退職であった。

## 3　生徒の行動

この不当強制配転に遭遇して生徒がどのように行動し、立ち向かったのかを「西高をゆるがした一週間」（『深川西高新聞』第六七号、一九六六年四月一一日）、北教組深川西高班「人事異動をめぐるたたかい――特に生徒、同窓生の動きを中心に――」（『明日への教育』第八号、一九六七年三月、北海道高教組教文部）、「広域人事とのたたかい――A高校の経験――」（『北海道歴史教室』第八二号、一九六六年六月、北海道歴史教育者協議会）等を参照にしながらたどってみたい。

三月一九日（土）　人事異動内示。

生徒会三役は放課後、異動内示の内容を校長に聞こうとしたが、校長は不在だったので教頭のSに誰が対象になったのかを聞き出す。そののち異動内示のあった教師たちにそれぞれの事情を聴く。執行委員会を開催し、これからの対応を協議したのと並行して、担任やクラブ顧問に内示があったクラスやクラブでは運営委員会や部員同士の話し合いが行われた。

三月二〇日（日）

生徒会執行委員会を開催して、生徒会顧問の教師から異動についての説明を聞く。四月からの活動の準備を進めている新年度の執行部に対し一体となってこの問題を取り組むことを求め、新執行部もそれに応じて合流。生徒会執行部は、この三月一〇日に卒業した第一八期卒業生有志との話し合いを持つ。校長はこの日も不在。

三月二一日（月・祝日）

祝日であったが執行委員会を開催し、今後の対応について協議。新執行部も参加。各クラスで全校討論を行うことを決定。

三月二二日（火）

執行部が代議員を通して各クラスに今回の人事異動の内容について報告、討議したが、執行部の方針が明確でなかったため、各クラスの討議は混乱した。「どういう観点で話せばいいか不明だ。話し合いの必要性もわからない」「校長の態度がわからない」「いろいろな人に接することができるから、人事そのものには賛成だ」「留任運動は必要ではない。生徒会をチャンとやっていけるようにすれば良い」「全生徒が団結して人事問題を考えよう。全校の意思統一のために生徒大会を開け」「今回の人事異動は生徒会活動の面で障害となる」「人事が激しくなると学力が低下する」「クラブに対する圧迫が予想される」等の意見が出されて、まとまりがつかず、討議の深まりにも各クラスで差があった。

三月二三日（水）

執行部は二二日の各クラスでの討議の状況を踏まえて声明を出し、「執行部の考え方や方針をはっきりさせなかったため、結果的に各クラスがバラバラな話し合いになって、混乱させたことについては、反省して」いるとした上で、執行部が今回の人事異動の問題を生徒会活動のひとつとしてとり上げた理由について、現在の西高の生徒会のシステムが存在しているのは内示のあった教師たちの援助があったからであり、教師と生徒が一体となって築き上げてきたもので、その教師たちがいなくなることに西高の危機を感じたからである、と表明。また、六人もの教師がいなくなることによって、自分たちの学習にも影響を与えるのではないかとの危惧もあった。

そのうえで、声明では、具体的に次の方向を打ち出した。

「執行部は率直に言って、内示のあった先生方は西高に残ってほしいが、先生方にもいろいろ考えや事情があって転任を希望している先生がいるし、逆に、転任を希望していない先生もいる。われわれは転任を希望していない先生にはこのまま西高に残ってほしいと意思表示をしなければならない。しかし、直接の留任運動はこれまでの討議が時間的な制約もあって不十分であり、生徒会として全体の合意とはなり得ていないので出来ない。この運動は先生や同窓生、父母に任せることにしたい。その上で、今後われわれはいままでの生徒会における態度を反省し、先生に頼ることなく、西高生徒会を立派にやっていくのだという意思表示をすることが必要である。また、生徒大会は、開くべきだという盛り上がりが全校的なものとなった場合、開くことを考えたい。」

この執行部声明をもとに放課後、再度各クラスでの全校討議が行われた。各クラスの議論は二二日の混乱から一転し、問題の本質に迫る深まりをみせた。

出された意見を概略すると以下のようになる。

①執行部声明への批判

内示された教師の異動を最初から認めているようなもので同意できない。

道教委の不正に対し、われわれの敗北を認めたことになる。

教師たちの転出を何とか阻止したい。

執行部は計算づくめの行動を提起していて消極的で弱腰である。

②留任運動への批判

人事は会社の長が命令するようなもので、部下はそれに従わなければならない。

教師たちの個人的感情にわれわれは利用されているのではないか。

③執行部声明に沿った行動を

われわれが極端な行動をとって、父母、教師、同窓会などの行動に迷惑をかけるようなことは絶対に避けるべきだ。

みんなの意見を統一して校長に掛け合わなければならない。

生徒の考え方を市長に訴えるべきだ。


これを受けて、執行委員会は残された明日の終業式に生徒大会を開催できるかを検討したが、深夜になっても結論は出なかった。この時点でまだ大会に提起する議事内容が明確にならなかった。また、一種の群集心理による突っ走りが出るのを恐れたことと、一部に「まだ良くわからない」という意見があることも開催をためらわせた。結論は翌日に持ち越された。

三月二四日（木）

終業式。校長は「病気」と称して終業式に出席せず。

終業式前の大掃除の時間、執行委員会を開催。生徒大会の開催についてはなかなか結論が出なかったが、今日を逃したら明日からは春休みで全校生徒が登校する機会は四月までないため、今日、生徒集会を開催して、みんなの意見を十分に聞き、みんなの総意でこの問題に取り組むことを確認した。

終業式終了後「生徒集会」を開催。

執行部から①経過報告、②各クラスの討議状況の報告、③これから(春休み中)の生徒会の運営――について説明があり、次の四点の方針が提案された。

①留任を望む意思表示はするが、直接の留任運動は教師、PTA、同窓会などに任せる。

②春休み中も執行部は集まって、校長に状況を聞き、なり行きを見守る。

③いままで生徒会は教師たちに頼りすぎる面が多かった。これからは教師に頼らずともやっていける生徒会を目指す。

④個人的な行動は自重して生徒会全体として動く。

この提案を受けて、生徒集会では活発な討議が行われた。特に、①をめぐって質問、意見が集中した。この討議で特徴的だったのは、日頃行動に問題があるとされ生徒会活動には無関心を装っていた生徒たちが、留任運動の必要性を自分たちの言葉で発言したことだった。

「今回、転出する先生はみんないい先生だった。出来の悪い俺たちのことをいつも親身になって考えてくれ、支えてくれた。どうしてその先生が西高を追い出されるのだ。俺は道教委とかいう奴らと校長は絶対に許せない」「俺たちは、いまのこの状況を校長に見てほしいのだ。校長はここに来て、俺たちの質問に答えるべきだ。それなのに、校長は病気だと言って終業式にも出て来ないではないか。校長が本当に俺たちのことを考えているというのなら、そして、今回のことを俺たちと同じように心配しているというのなら、そんなことは出来ない筈だ。俺は校長が信じられん。みんなはどうだ？」と涙ながらに、声を詰まらせながら発言して、会場の大きな拍手で支持された。

こうした真剣な討議を経て、生徒集会は「先生方に残ってほしい」という意思表示をすることを決め、その思いを「公式文書にして、校長、ＰＴＡ、同窓会に渡すこと」を確認した。また、生徒会活動をみんなで守りぬき、どんな圧力にも屈せずみんなで協力しあうことを確かめ合った。

三月二五日（金）

執行部は学校長、ＰＴＡ会長に生徒集会で決定した「嘆願書」を渡す。

三月二六日（土）

執行部は同窓会長に「嘆願書」を渡す。

「嘆願書」への回答はそれぞれ次のようなものであった。

校長「人事異動については、君たち生徒にはくわしくは述べられない。君たちの要請については、私としてはできるだけ努力した。」

ＰＴＡ会長「君たち生徒会のとった態度については別に問題はないと思う。もう高校生なのだから、こういう問題を皆で考えるのは人格形成の面においてもよいことだと思う。ただ、君たちはあくまでも校内活動にとどまってほしい。」
同窓会「三月二七日の定期総会で議論した。今回の人事異動の問題では「年配の先輩」と「若い人たち」との間で対立もあったが、「生徒会の要望もあるし、同窓会として動かないのはおかしい」として、これまで留任のために動いてきた同窓会長の行動を承認し、①教育の現場に混乱が生じ、かつ教育効果に悪影響を与えぬように配慮せられたい、②人事異動に関しては十分本人の実情を調査し、できるだけ納得されたなかで行うこと、の二点について、道教育委員長、教職員課長、学校長に要請することを決め、「今後重大な事態が生じたときは臨時総会を開く」ことを確認した。」

以上が、「ミサイル人事」といわれた不当強制配転に遭遇した生徒たちの行動であった。三月一九日に異動内示があって、それを教頭に聞き出してから三月二四日の生徒集会の開催、校長、PTA会長、同窓会長への要請まで短期間のうちによくこれだけのことをやり切ったと言うのが率直な感想である。

このたたかいでは生徒たちの活動とともに、PTAや同窓会の姿勢も特筆に価する。生徒の訴えに耳を傾けて理解し、それを道教委に伝えてくれた。このような大人が周囲にいたことが、深川西高の民主教育を支える力になっていた。

## 4　同窓生の「深西民主教育を守り育てる会」の結成

三月一九日に異動内示が出されて、この一〇日に卒業式を終えたばかりの一八期生は心配をして、その事情を先生や在校生に聞くために学校を訪れた。二〇日には生徒会執行部から詳しい事情を聞き、自分たちに何ができるかを相談した。春休みで深川西高を卒業した大学生も帰省していたので、彼等にも事情を説明して同窓生として何ができるかを一緒に考えることを呼びかけた。

二四日には一二期（一九六〇年卒業）から一八期（一九六六年卒業）の卒業生が集まり、①道教委に今回の不当配転の再考を求める、②今回の不当配転を許すことは、地域の民主運動の破壊につながる、③深川西高を守る、④深川西高の教育を考える――等について話し合った。そして、地域の保守性や深川西高への偏見を考慮に入れて、同窓生の誰もが納得できるようなアピールを作成して、「同窓生」と「地域」に発信することを決めた。当面、三月二七日に開催される同窓会の定期総会では、今回の不当配転が、教師の人権を無視したものであることと深川西高（特に生徒）に混乱を起こしている状況を訴えて同窓会として道教委に働きかけることを提案することにした。

同窓会総会の結果については先述したが、一二期から一八期の卒業生有志の提案がほぼ承認された。総会の終了後、一二期から一八期の卒業生有志はただちに会合を持ち、今後の基本的な方向とこの運動を継続していくための組織の結成を検討した。

今後の基本的な方向としては、①今日の総会で決められたことを完全に行う、②宣伝、署名、カンパ活動を行う、③地域への説得活動を行う、④学校長との交渉を持つ、⑤父母にも呼び掛けて学習会を行う、⑥深川東高の問題も一緒に考える、⑦二八日の札幌動員へ参加する―などを決めて、個人加盟で深川に事務局を置く深川西高の教育を良くするために活動する組織を結成することを確認した。二八日には道教委に向けて父母、同窓会などが七〇名を上まわる大量動員を行い、卒業生有志は二〇名が参加した。また、署名運動も始めたが、農家八〇軒をまわって断られたのは二軒だけという報告もなされた。

そして三一日、恒常的な組織として「深西民主教育を守り育てる会」が正式に発足した。この会は機関紙『深西民主教育を守り育てる会通信』(第一号、一九六六年六月五日から第一三号、一九六八年一二月二三日まで)と文集『凍原に生きる―「自由の学園」をめぐる声―』(第一号、一九六六年八月から第八号、一九七三年まで)を発行した。また、教育講演会の開催や、夏休みには「教育の森のつどい」と称して市内の音江山沖里川でキャンプを行うなどして、学習や交流を深めた。札幌、東京、岩手、京都などに支部を結成した。

文集『凍原に生きる』第一号に掲載された「序」を抜粋する。

「雪降りしきる凍原に鉄をも溶かす炎を燃やせ！
永久《とわ》に自由を守るために学徒よ集え！
おお我らの拳を天につきあげろ
砕け砕け我ら　岩をも砕け深川西高
あるときは、汗と涙と歓喜の中で高らかに
あるときは、夜空にとどかん、かがり火の周りで
あるときは、自由を守る怒りの心でうたった
徹底した話し合いを中心に、みんなが共に考え、共に行動する中から、私たちは〝仲間〟を〝自由〟を、〝責任〟を、〝団結〟を少しずつ理解していった。そして限りない希望と勇気をもって卒業した。西高を高校の当然あるべき姿であると思っていた私たちは、西高が稀にみる生徒を大切にする学校であり、先生たちであることを知った。同時に、今の社会では、私たちの学んだことを発展させたり行動することが、だんだんむずかしくなってきていることをも知った。
私たちは、民主教育を全ての生徒のものにするために努力したいと思う。そのためにも「西高の教育」を守り広めてゆくことの意義は大きい。この文集『凍原に生きる』をこの使命をもって発行する。」

「深西民主教育を守り育てる会」は、実質の活動期間は六、七年と短かったが、深川西高の歴史の中で大きな存在として位置づけられ、深川の地域・民主運動にもその足跡をはっきりと残した。

# Ⅶ

# 「ミサイル人事」後の深川西高の状況

## ―一九六六年四月から一九六七年三月までの一年間―

## 1　三浦校長と深川西高潰しの命を受けた六人の着任

三浦喜多治は、道教委の「広域人事異動」政策を利用して、深川西高の教育、生徒指導、学校運営、組合活動の中心にいる教師を異動させて、代わりに自分の意を酌んで一緒に働いてくれる人材を呼び込む画策を行った。三浦はこのことを「其の頃、時を同じうして、教育庁で、教員人事五ヵ年計画なるものが策定されて、同一校に十年以上勤続者の更迭ということ、四十《マ》一年《マ》度から五ヵ年計画でやってのける、ということになった。これは私にはたいへん都合のいい方針でこれに便乗して教員組織にメスを入れることにした。一連の改革を断行するには根廻しとか地固めが必要である。そのための参謀も居ないし、相談相手も居ない」（『ふだん着の校長』）、「学校の正常化とか教育の正常化ということは校長と教頭だけではできない。之を支持する有力なメンバーが、しかも恒常的に固まっていることが必要だ」（三浦喜多治「北海道戦後教育秘話　そのとき、わたしは　深川西高校没落の記（昭和四十一年の頃）」『北海道教育の窓』北海道教育社、一九八六年九月）、以下、「深川西高没落の記」と略記）とはっきり述べている。

S教頭と「広域人事異動」で六人が転出した一九六六（昭和四一）年四月、新教頭と新たに六人の教師が転入してきた。教頭には広尾高校定時制主事のKが就任したが、これは意外な人事であった。教頭の岡部が深川西高を去った後の一九六五年四月に、三浦と同時に教頭としてSが就任した。道教委が一九六五年三月二六日に岡部を深川西高から転出させ、その後任にSを据えた経緯については三浦の『ふだん着の校長』を引用して、前章で述べた。また、別の所でも「昨年のこの日は、同じく教育庁で現在の教頭〔S教頭〕さんと初対面、教頭として深川西に私と同じに着任してもらう為の打ち合わせをした日である」（「深川西高没落の記」）と三浦がSを深川西高の教頭に引き抜いたように書いている。自ら深川西高の教頭に要請したSを一年で見限り、新たな教頭の人材を道教委に要求したのはどうしてなのか。

三浦はSを評して「この乱世に身を処する教頭としては余りにも清潔すぎる。余りにも紳士であり学者タイプである」（同上書）と述べて、「戦乱盛んな三月二十六日、教育庁に出かけて〔S〕教頭更迭のことを教育次長と総務課長に相談し」（『ふだん着の校長』）た。確かに、教頭のSは私たち生徒にも誠実に接してくれた。三浦の就任一年目はやりたいことがほとんどできなかったが、彼はそれを教頭のSが清潔で紳士的すぎるためにうまく進まなかったという。三浦は学校や教育現場には清潔で紳士的な、学問を究めようとする教育者は不要で、校長からの指示に従って教師を管理する教頭を欲し、それを道教委に願い出た。道教委は「結局ブルトーザーが欲しいんだろう」ということで「十勝管内の小さい学校の定時制主事（今は教頭という）Kという三十八歳の青年」（同上書）を推薦した。

四月一日、強制配転の四人と希望配転の二人、それに教頭Sの七人が深川西高を去り、代わりに七人が着任した。「この中一人を除いて六人がK教頭を中心にスクラムを組むことになる。同志同行六人で、いつしか新人会と称することになる。超特級ブルトーザーを中心とする親衛隊である」（同上書）。三浦が親衛隊と称した六人は、教頭のKをはじめ全員が三〇歳代であった（「深川西高没落の記」）。

私たち生徒には、教頭のKが三八歳とはとても見えなかった。三浦よりは貫禄があり、Kが校長かと思えるくらいで、三浦も「写真で見るより遥かに貫禄がある。後日二人で街を歩いていると、彼が校長で私が教頭に見える」（『ふだん着の校長』）と明かしている。

Kは深川西高に着任し校長に引き連れられて一人ひとりの教師に就任の挨拶をするが、それは三浦も「唖然」とするほどであった。「私が教頭を紹介すると、「私がKです、どうぞよろしく」ここまではありふれたことだが其の後に続いて「先生お名前は？……あ、△△先生ですか、先生は××大学、専門は〇〇科でしたネ、お子様は三歳でしたか、お元気ですか」この調子で三十余人の教員をなで切った。家族関係から特技まで皆暗記して乗り込んできたのだ。これには先生方も度肝を抜かれた。人心収攬の妙、これに勝るものはあるまい」（同上書）。三浦からみれば「人心収攬の妙」であろうが、これが本当ならやられた方は不気味である。教師たちの個人情報をすべて把握し、監視しているとの脅しのようなものではないか。

Kは生徒に対しても不審な行動をとった。休み時間に二年生のあるクラスへ行って、生徒会活動の中心になっていた生徒の一人を「〇〇はいるか」と呼び出し、〇〇が応じて彼の元へ行くと「君が〇〇か」と言った。何か用事があるのかと思ったら、じっと〇〇の顔を見つめ笑みを浮かべながら去って行ったことがあった。生徒たちのKへの不信感は募るばかりだった。彼は、機会があると生徒に自慢話をした。昭和生まれの教頭は自分一人だと自慢し、「深川西高は全道一の立派な高校だ。なぜなら、私のような全道一の立派な教頭がいるからだ」と胸を張り、それを聞かされたクラスの日誌に「うちの教頭は冗談がうまい」と皮肉を書かれた。また、彼は生徒や教師に、東京高等師範学校（一九四九年東京教育大学、現筑波大学）を出ていることを自慢し、その学校で家永三郎に歴史を習ったと吹聴していた。彼の言動と家永の思想はあまりにも違いすぎていた。

## 2　三浦校長と「新人会」六人の深川西高攻撃

一九六六年四月に彼ら六人が着任して以降の状況を生徒の立場から見ていくことにする。

### (1)『深川西高新聞』検閲問題

最初に攻撃が具体的に現れたのは『深川西高新聞』の検閲問題だった。この問題が生徒の中に明らかにされたのは、一九六六年九月二八日付で公表された新聞会「検閲問題の経過」（以下、「経過」と略す）によってであった。この「経過」によると、七月一四日、スポーツ大会が終わったあと、新聞会の役員が顧問の教師から「教頭が原稿・ゲラ刷りを見せてほしいと言っているので、直接話し合ってきてほしい」と言われて教頭を訪ねた。職員会議室で教頭は「深川西高新聞の記事中、「深西民主教育を守り育てる会」の紹介記事は掲載を認めることは出来ない。いろいろな先生方に話を聞いて結論を出すので待ってほしい」と言ったが、新聞会は承諾できないと突っぱねた。しかし、教頭は「指導して納得がいかない場合は教師に従ってもらわなければこまる。それでもだめな場合は学校という土俵からはずれていることになるので、土俵からはずれている者は学校をやめてもらう」と言い、校長も顧問に対して「生徒を納得させるのが顧問の仕事であり、それができない顧問はやめてもらう」と脅しにかかった。

新聞会はこの後、「ゲラ刷りが済んでいる新聞の記事を没にすることは出来ない。もし、教頭先生がそれでもその記事を差し止めろというのならば、その欄を空白にして、どうして空白になったかは教頭の検閲があったからだとの説明文をつけて発行する」と、教頭に迫った。これで教頭は新聞の発行を認めざるを得なくなり、ようやく引き下がった。

こうした経過があったが、新聞は無事に発行されて検閲問題はなかったことにされた。新聞会がこの問題が起きたときにすぐにとり上げなかったのは、教頭が新聞会役員の退学を、校長が顧問を辞めさせることをそれぞれほのめかしていて、下手に問題を大きくすると今の校長、教頭なら本当にやりかねないと警戒したからである。しかし、検閲だけではなくて退学という処分までを教頭が発言したことは、深川西高では前代未聞のことであり、看過することは出来なかった。新聞会と生徒会執行部は相談の結果、生徒会前期の総括のなかでこの問題を全校に明らかにして討議をすることにした。

この問題が起きてから夏休みをはさんで一カ月半以上たっていたが、教頭が「退学」処分を口にしたことは各クラスの討議で反発を受けた。討議では「校長、教頭と生徒の意思疎通がほとんどできていない」「話し合いをしてお互いの誤解を解くべきだ」との意見が大勢を占めた。生徒会執行部はそれを校長、教頭に要請したが、何の回答も得られなかった。

教頭が、記事掲載を認めない理由として挙げたのは、新聞会の「経過」によると次のようなことである。

（1）「深西民主教育を守り育てる会」の事は初耳であり、シッカリ調べてみる。

（2）深西と名称を勝手に使っているのは気にくわない。

（3）〝守る〟とあるが、この西校を守るのは我々教師と地域住民であって、彼等ではない。

（4）そのようなものを「深西新聞」にのせるだけの価値があるのかどうか疑わしい。

しかし、これらは難癖と言わざるを得ない。

教頭が「深西民主教育を守り育てる会」の事は初耳と言っているのは事実ではない。「深西民主教育を守り育てる会」事務局は、その「訴え」（一九六六年一二月）で「これは事実に反する発言か、彼はよほどの健忘症であろう。なぜなら、「六月二十六日に新任の先生とこん談会を開きたい」と教頭ほか六名の先生に申し入れていた」と暴露した。

教頭は嘘と脅迫をもって『深川西高新聞』の検閲を行おうとしたが、新聞会と生徒会の反撃で失敗に終わった。

しかし、この問題はこれだけでは終わらなかった。

教頭が『深川西高新聞』の検閲をしようとしたことは、新聞会だけに留められていて新聞会が「経過」を公表するまでは生徒はその事実を知らなかったが、教師たちもこの「経過」を見て初めて知った。教師たちは事態を重く見て、一〇月四日にこの問題をめぐっての職員懇談会を開催した。この時の話の内容が出席した教師のメモとして残されている。

このメモを基に懇談会で「新人会」のメンバーの発言内容を見ることにする。

西高に前から在籍していた教師は「新聞会のプリント（「経過」）を見て、こんな事実が本当にあったのかと驚いた。事実そのものを明らかにしてほしい」と教頭に迫った。教頭は何も語らず、他の「新人会」メンバーは、逆に新聞会と顧問への攻撃を展開した。

急先鋒のUは「新聞会顧問は放任しすぎている。夜遅くまで活動していても放置している。

だから生徒が目標から外れた行動をしていくようになる」「顧問が検閲と考えているから問題が起こってくる」「先生方自身が放任と自由を混同している」「生徒会、委員会は教師の指導の下において行われるもの」「『民主教育を守る会』は、深西の卒業生が学校で学んだものを助長していく集まり。『民主教育』を守るという傾向は多分にある。好ましくない。（顧問の）Tは間違っている。いつでも生徒の肩を持つ」と発言している。

「新人会」のSは「職員は生徒の中にとび込んで行って生徒を指導しなければならない」と発言をしているが、彼ら「新人会」のメンバーの内でだれが生徒の中に飛び込んで指導していたであろうか。

Iは「校長と生徒の間を引き離す要因となっているのは、〈生徒側に立つ教師が〉校長批判を生徒に吹き込んでいるからだ」と憶測を基に発言しているが、そもそも三浦は深川西高に赴任した時から生徒の前にほとんど姿を見せなかった。彼の深川西高生徒観は「頭脳の良いのが入ってくる、入学して以来授業も大切だが、話合い、討論を重ねるから生徒の口頭舌端の能力は大したものだ。内容は空虚でも」（『ふだん着の校長』。傍点は原文のママ）というもので、生徒を頭でっかちで口先だけと決めつけて、生徒会が何度も話し合いを要請しても、頑として応じようとはしなかった。生徒が校長に不信感を抱くのは無理のないことであった。

この懇談会の最後に教頭が「高等学校の教育のText が必要。この点で若干欠けている」と発言している。何を言おうとしたのかは不明だが、事実を明らかにしてほしいという教師たちの要請には一切応じない話し合いになった。職員室の中が明らかにこれまでとはちがう様相を呈するようになっていた。

## (2) 秩序維持委員会の活動停止を画策

これまでも随所で述べてきたが、秩序委員会は「自由の学園」の自治を支える委員会で、深川西高生徒会の中枢を担ってきた。

三浦と六人の「新人会」メンバーは、この秩序維持委員会の活動を停止させようとして委員会活動を妨害し、彼らが担任するクラスでは、秩序維持委員会からのホームルーム討議への問題提起を行わせなかった。

一九六六年度の前期秩序維持委員会委員長の堀幸光は、『深川西高新聞』第六九号(一九六六年一二月二四日付)に前期の委員会の活動を顧みた文章を寄稿している。

「前期、暴力問題を各クラスにおろすことができなかったことをいまでも悔やんでいる。また、最初の暴力事件のとき、全校で話し合っていれば、第2、第3の暴力事件はおきていなかったのにと思われて仕方がない」

これまでのように秩序維持委員会が暴力事件の当事者から説明を受けてその内容を整理し、各クラスに報告をして、全校で討議することができなかったことを悔いている。その背景について、堀は生徒の中に「こんなことを話しあっても解決にはならない。また、起こるかもしれない」「人のことなど放っておけ」という意見が出てきたり、秩序維持委員会のなかでも「委員会は問題のおろし方ばかりを話し合って本質論が抜けていた」との批判があったとしたうえで、最も大きな要因は「先生方の協力のなさ」だったことを挙げ、「前期をふり返ってみて、ただ「苦しかった」の一言に尽きてしまう」と心の内を明かしている。

暴力問題を取り上げようとしたとき、生徒や秩序維持委員会内から反発や疑問、批判が出ることはそれまでもあった。それでも、そうした疑問、意見について討議しながら、みんなで解決することの大切さを学んできた。今回が違うのは「先生方の協力のなさ」であった。堀はここでは具体的には述べていないが、実際には「新人会」のメンバーが担任しているいくつかのクラスでは、討議そのものが軽視されて、クラスの運営委員会（クラス委員と担任が入ってホームルーム討議の議題などを事前に決める）は担任の非協力で開けなかった。特に一年生のクラスではどうしたら良いのかわからずホームルーム討議は進められなかった。深川西高では、このような時に教師が粘り強くホームルームを指導し、深川西高の民主教育と自治、「自由の学園」

は生徒と教師の協力で築き上げられ発展してきたが、この一角が崩されてしまった。堀が「前期は苦しかった」と述べたのはそのことである。

秩序維持委員会が暴力問題を取り上げることができなかった要因に、校長の対応の仕方があったことも指摘されている。これまでは暴力事件が起こった時、まず秩序維持委員会が当事者から事情を聞くのだが、今回はそれができなかった。生徒会は後で知ることになるのだが、この時の暴力事件の後、校長はいち早く当事者の親と接触して「警察沙汰になるかもしれない」と脅し、そうさせないために努力するので自分の言うとおりにして、生徒会の秩序維持委員会とは接触しないことを約束させていた。このために、事件当事者は秩序維持委員会の求めに応じようとはしなかった。この時点では校長の動きは明らかにされていなかったので、秩序維持委員会は事件当事者との関係で悩み、前期の総括で「暴力に関しては委員会からの報告が抽象的になり、討議の際、話し合いが充分になされなかった。もっと事件について具体的な報告が欲しかったとクラスからは言われた」(「秩序維持委員会ニュース」一九六六年九月二八日)と述べている。校長の動きについては、後に「深西民主教育を守り育てる会」が明らかにした。

### (3) 校長のスポーツ大会開会式挨拶事件

一九六六年七月一四日、生徒会主催で体育委員会が担当する「スポーツ大会」が開催された。

とても良い天気で大会には絶好の日和だった。九時からグラウンドで開会式を行うために生徒たちがクラスごとに一塊になって集合した。深川西高は生徒が集まる時、整列はしなかった。体育館の中でも同じであった。

その日も生徒は体が動かせる服装でそれぞれがクラスごとに集まって開会式に臨んでいた。開会式は短い方が良いということで、校長と生徒会長の挨拶だけであった。なかなか顔を見ることがない校長であったが、この日は珍しく出席していた。体育委員の進行で開会式が始まり、校長が挨拶にたった。号令台に上がり「おはよう」と挨拶した。全員ではないが生徒の一部の者が「おはよう」と返すのがいつもの慣わしで、この日も一部から「おはよう」と声が上がった。突然に校長が怒り出した。「君たちは私を嘲笑している。不愉快だ」と言って、降壇して去ってしまった。生徒も教師も何が起こったのかわからずただ茫然としていた。校長が去るのを教師の誰も止めようとはしなかった。それでも開会式は淡々と進められ、生徒会長が挨拶に立って、「今の校長先生の怒りは何なのかはわからない。私たちの態度が悪いというのであれば、校長先生には私たちの姿を最後まで見てもらいたい。私たちはこのスポーツ大会を最後まで立派にやり通して成功させようではないか」と呼びかけて開会式を終えた。校長はそのまま家へ帰ったのか、学校にその姿はなかった。

日頃から校長が生徒の前に姿を見せることはほとんどなく、深川西高は校長不在の学校と言われていたが、この時の校長の態度は不可解としか言いようがない。

## （4）生徒会からの話し合いの要請を拒否

七月の「スポーツ大会」の開会式挨拶で生徒の校長への不信は決定的になったが、生徒会はそれを放置しておくことは出来なかった。

先述したが、一九六三年九月、ＰＴＡと学校が中心となって地域にも呼びかけ「深川西高等学校施設拡充整備期成会」（会長は深川市長）を結成して北海道庁に設備改善の要求運動を行うことを決めた。それを知った生徒会は、実際に校舎を利用する自分たちの要求を反映させるために、生徒会に「十年計画委員会」を設け、期成会の副会長である校長に要望を伝える仕組みを作った。当時の岡睦樹校長と次の佐藤安太郎校長は十年計画委員会と会って、生徒側の要求を聞いてくれた。

十年計画委員会は校長に期成会の状況を聞いたり、アンケートをとったり、各クラスで討議を行ったりして生徒の要求を整理し、取りまとめた。一九六六年になって十年計画委員会は生徒の要求を、①クラブ部室の設置、②男女便所の改善、③水飲み場の改善―の三点にまとめあげ、校舎の現状を写真に撮るなど資料も整備して、校長に懇談を要請した。一時は話し合いの日程も決まって十年計画委員会の期待は膨らんだが、三浦は「生徒の意見は顧問を通して聞くべきであって、生徒会の正式な委員とは直接会うべきではない」(「執行部声明抜粋」『深川西高新聞』第七〇号、一九六七年三月一一日)として、会うことを拒絶した。

一方、代議員会は、スポーツ大会後、どうして校長があんな発言をしたのかを何度も議論し、「一因として、校長先生と生徒とが、接触する機会が非常に少ない。現に校長先生の顔も名前もよく知らないという者も多くいた」として「校長先生との話し合いの場を持ち、これまでの西高の空気を打破しよう」ということになった。「何度かの討議の後、顧問のU先生を通して校長先生にお願いをした」。この要請は無視され続けたが、前期の代議員の任期も終わるころ(九月末)校長は、「生徒との話し合いは必要だろうと考える。時を見はからって、自分の方から声をかける」と態度を軟化させた。しかし、この時には代議員の中で校長への不信感が増していて、信じられないという声も聞かれた。代議員会の討議では「ますますはっきりしてきた何かを早くなくさなければならないということになった」。そして「何かとは何か?学校長に対する不信感であり、新しい先生方に対するウワサ、その他もろもろの問題」を解決するために、「学校長にじかに会って話し合わなければならない」として「(顧問の)U先生にお願いした結果、「各種委員会から、そういう希望が出ているので、職員との話し合いの上に立って考えたい」との回答を得た」。しかし、年の瀬、二学期も終わろうとしているのに校長からは話し合うという回答はなかった。

そこで代議員会は、一九六六年一二月二二日「代議員会だより」を出して、全校討議を呼びかけた。「代議員会だより」は「現在の西高の状態はどうであろう」と問題をたてて、「先生、「特に新しい先生」と生徒の間に、何かしっくりしない空気が流れている」ことを指摘し、その原因は「春の人事異動、スポーツ大会であろうか。新しい先生について本当ともウソともつかないウワサが流れ、校長先生に対して、不信感もささやかれていた」ことにあると述べた。そのうえで「生徒と先生の関係はどうなっているのか。不平、不満、不信の原因はどこにあるのかなど、単なる攻撃的な意見ではなく、何故そうなったかということをしっかり見つめて」討議してほしいと訴えた。

代議員会をはじめ生徒たちは教師、校長と生徒の関係を修復して、なんとか良い雰囲気の学校を目指そうとしていた。しかし、三浦は生徒たちのそうした願いに一切応えようとはしなかった。

### (5) 生徒の日常生活への介入

教頭以下六人の「新人会」の教師たちは、四月に着任後、生徒の日常生活の細かなことに介入し始めた。彼らは服装、上履きのかかと踏み、サンダル・スリッパ履き、下駄履き、あいさつの仕方などを取り上げて注意した。教頭が「今日、学校へ来る途中でおかしな服装をしている生徒に出会ったので注意をするように」「下駄履き通学は禁止する」などと言い出し、教師や生徒から「誰が決めたのか」「根拠は何か」と批判されてうやむやになった。

服装問題では、「新人会」に同調した古くから在職する一部の教師も加わって「基準服」があるので、それ以外の物を着てくるときは学校に「届け」を出さなければならないなどと、これまで聞いたこともなかったルールをもち出してきた。突如として「届け」を強要された生徒は抵抗し、生徒会でとりあげるように要求、生徒会は厚生委員会で検討した。厚生委員会はアンケートをとったり各クラスに討議を呼びかけたりし、結果は七割の生徒が「制服は必要ない」「これまで通りで良い」と答えて強制を跳ね返した。

また、クラスの運営委員会でグループを作ってクラス活動を活発にしようと決めたときは、新人会の一人であった担任の教師が「グループなどを作って、もし失敗したらどうする」と生徒のやる気をそいで、クラス活動を停滞させた。

### （6）PTAへの介入

校長の三浦は、六人の人事異動を実現させ、「教員組織にメスを入れ」ることに成功した。次に手を付けたのは、PTAの人事である。三浦は『ふだん着の校長』で次のように告白している。

「先ず、ＰＴＡの会長以下幹部の更迭をやって第一の外濠を埋める必要がある。同窓会人事には手を出せない。ＰＴ《ママ》会長は総会で選出される、大体は選考委員会で決まる。選考委員は議長一任となる、すると議長に我党をすえることが一番先にやる仕事になる。三百人から四百人の集まりとなると大体この要領であるし、前回もこうやったらしい。そこで議長を誰に、選考委員は誰と誰、この中には毒にもならん程度に反対派も入れておく。何せ選考委員は議長一任、この声が出れば勝負はつく。しかし議長が何党であるか分らんような人物であること、そしてその人が議長に推されなければならない。ともかく四月始めの総会までにこの下工作を完成させておかねばならない。いよいよ当日となった。決算・予算と終わって役員改選、これは型通りに、しかもこちらの思う線で事は運ぶ、そして選考委員長から発表になった会長以下幹部は、全員交替、これが発表になった途端、今までの会長は満面朱に染めて肩をいからせて退場してしまった。「やられた！」という怒りにふるへている内心が外形から見とら《ママ》れた。ともかくＰＴＡはこれで一変した。ここまでこぎつけるには、あの人はどちらの線か、これを見定めてかからねばならぬ、うっかり手の内を敵に見せる結果になってはたいへんだ。我党と思ったのにそれが向うのスパイだったりする、危ない橋を叩き叩き渡って、どうにかＰＴＡだけは片づいた。」

自分の意のままになるＰＴＡを組織するために、下工作、事前準備を周到にして、役員になる者への思想調査のようなことまでして任命する。学校を支配するためにこんなことが三浦の手によって行われていたことが三浦自身の言葉で語られた。

## (7)「新人会」教師の授業

ここでは、「新人会」の教師たちが授業をどのように進めたのかを振り返ってみたい。深川西高ではこれまで、生徒の学ぶ権利を大切にして、みんなが授業に参加できることを重視し、生徒からは教師の教え方について、教師からは生徒の授業に臨む姿勢について互いに批判し合い、協力し合って授業を作りあげることが追求されてきた。

しかし、「新人会」メンバーの授業は違った。

三年生の現代国語の授業で、「新人会」の一人のUは漢字の書き取りテストを行い、生徒同士で採点をさせて、六〇点以上の者の答案だけを回収した。私もこの授業を受けていたが、まず、漢字の書き取りテストを行ったことに驚いた。しかもこれを毎回継続するという。これまでの現代国語の授業では、文学や評論の文章を素材にその構成や表現、解釈に多くの時間を費やし、漢字の書き取りは行われなかった。生徒が漢字の書き取りテストに疑問を呈すると、Uは「大学受験の問題には必ず漢字の書き取りが出る」と答えた。大学受験に出題されるから授業でやらなければならないと言うのだ。確かに、漢字の書き取りは定期試験や大学の入学試験で出題されるが、生徒は普段から本や新聞を読んで、自分で漢字の読み書きを習得するものだと思っていた。現代国語の授業は文章をどう解釈するか、自分の考えや感じたことをどう表現するか、といったことを学ぶ時間であると考えていた。私たちはこれまで、そのように理解して授業を受けてきた。それがUによって、小学校や中学校のような漢字書き取りテストを授業でやらされたのだ。

しかもUは、採点を生徒同士にやらせて、六〇点以上の者の答案だけを集めると言いだした。生徒は最初、何を言っているのか理解できなかった。生徒からは「六〇点以下の者を無視するのか」「教育は出来ないものを引き上げるために行われるのではないのか」「あなたのしていることは全く理解できない」等の意見が相次いだ。それに対してUは、「受験には漢字の書き取りは必要だ。六〇点取れなかった者は、悔しさをバネにして次回頑張って欲しい」などと言うだけだった。次回も同じことをするのかと身構えていたが、漢字の書き取りテストは、その後は行われなかった。Uが担当した他のクラスでも同じことが行われていた。*

生徒を呼びつけて、「勉強もできないのにクラブ活動をするな」と言い放ったり、社会科の授業で「質問はするな。何故ということは大学に行ってからわかればいいことで、今はとにかく暗記をしろ」と言う「新人会」の教師もいた。

新聞会のインタビューを受けた「新人会」の一人は、「(自分の)教育目標は道教委の方針にそって最善をつくす」ことだと語っている。

授業ではないが、こんなこともあった。クラスの担任と保護者が学習や生活のこと、進学のことなどを相談する懇談会で、ある母親に対して、生徒会の役員同士で仲の良かった一人の生徒を名指し、彼は民青同盟という共産党系の組織に入っているので深くかかわらない方が息子さんのためだと「忠告」したのだ。名指しされた生徒はその組織とは関係がなかったが、生徒会の役員を熱心にやっていることだけを見て政治的なレッテルを貼り、友達になるなというのは人権意識が低いと言わざるを得ない。

＊代議員会が一九六六年度前期の総反省として全クラス討論を行ったが、三年一組のクラス討論で先生への不満として「現代国語の漢字の試験で六〇点以上の者の答案しか集めなかった。これは不公平だ。」と出されていた。（「一九六六年度前期の総反省」一九六六年九月二九日）

## 3　深川西高「潰し」の手法と三浦・「新人会」がめざしたもの
### ―『ふだん着の校長』から見る―

三浦がめざしたもの＝「意図」と、その方法というよりは「やり口」についてを彼の告白本

『ふだん着の校長』から見ることにしたい。

この本は三浦の自慢話が主で記述には各所に誇張や虚偽の疑いがあり、しかも三浦の視点からという限定があるが、深川西高に着任してから自分が行ったことを事細かに語り、当時の状況を再現しており、深川西高の民主教育を「潰そう」とした経緯が詳細に書かれているので無視することはできない。*

深川西高に関しては、『ふだん着の校長』の八八ページから一一九ページにかけて記述されており、彼は後にこの部分を要約して、前掲の「深川西高没落の記」にも記している。ここではそれも参照する。

*彼は、深川西高を定年退職して一五年後に、自分の教師生活を回想する『ふだん着の校長』(一九八二年)を自費出版した。その中で、道教委から命ぜられて深川西高を「非凡である」学校から「正常化」するために赴任してきたことを明らかにし、それを遂行するために深川西高に在職中に行ったことを具体的に語っている。この本の出版後も「深川西高没落の記」(『北海道教育の窓』前掲)、「教育の道一筋に60年　きょういく四方山対談」(同誌、一九八七年八月)などで、深川西高への罵詈雑言を浴びせ続けた。この雑誌の編集元の北海道教育社は道教委の外郭団体で、この雑誌に掲載されたのは道教委の承諾があってのことであろう。

自分が校長をしていた高校を没落させようとしたことを、手柄話のように語る無神経さと節操のない発言に唖然としたが、それ以上に私たちが学んだ深川西高を揶揄し、嘲笑して、私たちの高校時代を全否定したことは許せない。

これらの本や雑誌には、三浦の自慢話、虚言が多く、信頼できるものではないために、わざわざ同じ土俵に上がって批判するほどのものではない、無視する方が賢明だとの意見もあるが、私は事実に基づいて批判することが必要だと考えた。これを批判せずに済ますことは、三浦の言ったことが印刷物として残されているので、後世にはこれが真実として伝わってしまうことになる。現に、三浦が出版した本や掲載した雑誌は、国立国会図書館や北海道立図書館に所蔵されていて誰もが目にすることができる。

また、彼が書いたり、語ったりしたものには、彼が何を目的に、何を思い、何をしたのかが具体的に示されており、その意味では深川西高を破壊させようとした側が、自らの言葉で語った証言で説得力がある。

## （1）三浦が深川西高校長として着任した経過

三浦は当時、上川管内の東川中学校の校長であった。その三浦の元へ「昭和四十年二月頃、道教育庁から電話で、高等学校へ出る意思はないか」（『ふだん着の校長』）と連絡があり、三浦はそれにすぐ応じた。三浦は、中学校の校長から高等学校の校長になることは「公立学校長という枠内ではおなじではないか。そして、〔新聞は〕大栄転だという書き方をする。これぢゃ小学校長は一番下位で大学の学長は一番上位か、そんな話はない」と書きつつ、その言葉とは裏腹に彼は大栄転と考え、抜擢されたことを名誉に思っていた。それは、自分が「中学校長から高校長を出す第一号となった」と自慢していることからもうかがえる。なお、「第一号」というのは正しくなく、それ以前に中学校長から高校長になっている人は複数いる。

また、三浦は深川西高の前任者の校長をおとしめて、彼らが深川西高から逃げ出すように退職し、その後任になることをみんなが嫌がったので、少々のことには動じない、精神的に強い自分が道教委から請われて就任したと豪語している。

「私の前任者は、東京高師体育科出身で柔道七段（昔の段位である）の佐藤〔安太郎〕氏、この前任者は早稲田大学の応援団長〔を〕やったとかいう柔道五段の岡〔睦樹〕氏、この岡氏は八ケ月で退職した。年令は五十歳になったばかり。佐藤氏も一年で退職した。定年まで数年残して。退職した理由は、一説によると名門校の気風に順応できなかったらしい。私は柔道は三級の茶帯であるから横綱とフンドシカツギくらいの差である。こんなことで、当局は後任をどうするか、高校を見渡したが、これ以上の猛者（モサ）が見当たらないらしく、柔道は三級でもいいから中学校から連れてこい、ということになったらしい。」

三浦は、前任者の岡と佐藤が不甲斐ない人たちだったと決めつけて、自分を彼ら以上の人物だと引き立たせようとしているが、岡が「八ケ月で退職した」「五〇歳になったばかり」というのは誤りで、岡は深川西高には一年一一ヵ月在職して、六〇歳の定年で退職している。また、岡は生徒に信頼され慕われて、教師からも教育者として尊敬されていた。このことについては、先述した。佐藤は一年間の在職ではあったが誠実な校長であり、生徒の集会には必ず出席して挨拶をした。辞めたのは、深川西高の「気風に順応できなかった」からではなく、家庭の都合であった。三浦はなぜ、このような虚偽を平気で書き記したのであろうか。岡、佐藤の二人と三浦を比較すると、人間的にはまさに「横綱とフンドシカツギくらいの差」があった。

三浦が深川西高の校長に任命されたのは、彼が「全道中学校長会の理事で教育庁には出入して幹部とは顔なじみになっていた」からだけではなく、道教委も彼を権力になびかせてうまく利用しようと考えたからなのであろう。三浦は、「当局は始めから非凡なところに出す気でこの（異動打診の）電話となったらしい」と書いているが、「非凡なところ」とは深川西高であり、「非凡なところ」を「平凡なところ」にすることが道教委から三浦に課せられたミッションであった。

道教委は北海道の教育を急速に「改革」しようとしていた。その一環として「深川西高の民主教育」はどうしても放置しておくことはできなかった。三浦は「野人礼にならわず、勝手な放言で礼を失したことおびただしい。この意味では猛者の類であったらしい」「紳士ぢゃない」自分を道教委は評価して、深川西高の校長に抜擢したと豪語しているが、そればかりではない。

道教委は権力志向で上昇志向が異常に強く、道教委の意思を忠実に成し遂げてくれる人物とみて、三浦を深川西高に送り込んだのだ。

## (2) 三浦と「新人会」の居酒屋謀議

三浦は『ふだん着の校長』で、さらに驚愕の事実を明らかにする。

「学校近くに八百膳という居酒屋があった。ここのオヤジの風格もいいし、モツ焼、焼酎、これは新人会のフンマンをブチまける絶好の代物であった。学校帰りは毎日のようにここに集合して今日の情報の整理と分析、そして揃って校長公宅にやってくる。ここではニッカの角ビンが彼等を待ちかまえている。焼酎の下地にこれでやられると完全に毒気を抜かれる。いつとはなしに「鬼殺し」の名がつけられた。こんな雰囲気の中で深川西の正常化（ある一派から云わせると非民主化）の焔は静かに而し強烈に燃え始めたのであった。迂遠な理想論をブツのでなくて、現実当面している一つ一つの具体的な事実を積み上げて勝負に出る、云うなれば帰納法的方法によって洗滌されていった」

（傍点は原文のママ）

三浦は学校にはほとんど出て来ず、生徒の前に姿を見せることはなかったが、居酒屋には毎日のように顔を出し、「新人会」と「深川西の正常化」について戦略を練り、作戦計画を立てていたというのだ。そしてこの戦略が功を奏し「かくして一学期が終って秋風の立つ頃ともなると、運営委員会は解散同様、職員会議の校長の一票は、いつの間にか決裁の一票になり代っている。こうなると総崩れ体制となり収拾がつかなくなる、逐次新人会のペースで廻転始める、鬼殺しは二日に一本の割で空いていく」ことになったと豪語する。陰でこんなことが行われていたことをだれが想像したであろうか。

## (3) 教師への分断攻撃

三浦は、深川西高に着任した時の職員会議の勢力関係は二六対一四で何を決めるのもこの票数結果で決まり、自分の提案はことごとく否決されたことを嘆いていた。しかし、着任一年後の「広域人事異動」を利用して、六人を飛ばし、「新人会」六人を引き入れたことによって職員会議の勢力関係は二〇対二〇になり、自分の一票を「決裁の一票に」することができた。三浦は、「新人会」六人の働きでここまで勢力を大きくすることができたと自画自賛しているが、それだけではない。確かに一九六六年春の「広域人事異動」の結果が大きく影響し、道教委の政策が寄与していたことは明らかである。と同時に、三浦も書いているように「総崩れ体制となり収拾がつかなくな」って、これまで深西の民主教育を担ってきた教師の中が割れて力関係が逆転したことも否めない事実であった。

教師間を分断し、自分たちの配下に取り込もうとする戦略は、三浦ひとりの力ではできない。三浦を支えたのが教頭のKである。彼は、一九七〇年四月に深川西高の教頭から日高地方の高校の校長に栄転したが、七〇年秋に道教委がまとめたマル秘文書「新任校における学校経営、一ヶ月間のとりくみ」に実践報告を寄せている。この文書は北海道議会で問題になって暴露されたが、そこには深川西高での手法が記され、新任高校でも同様のやり方で教師の分断に成功していることが書かれている。

Kは「未組織の組織化をはかりフォーマルな高教組組織とインフォーマルな非組合員組織の適当な対立、抗争を助長させながら高教組が組織的防衛に専念せざるを得ない客観条件をつくり、外にエネルギーを出しえない内部分裂（群集心理学でいうツッキ運動の発生）を醸成させていきたい。深西で成功したのは、この手である」とし、「自分の回りに、六、七人の働き手」を配して教職員の分裂工作を進める一方、「生徒通用門に立って笑顔で生徒に話しかけ、生徒会執行部の生徒と会って漫談し、暴力問題には停学処分を命じる」と述べている。「六、七人の働き手」はまさに深川西高での「六人の新人会」を想起させる。「群集心理学」などを持ち出して科学的な装いをこらそうとしているが、これは労務管理を最優先した学校経営であり、労働組合への介入である。また、生徒に対して教師が二つの顔を使い分けるような姿勢は、それまでの深川西高の教育とは決して相いれないものだった。

「新人会」は職員会議の場においても他の教師に罵声を浴びせ、発言を妨害することまで行った。三浦は『ふだん着の校長』の中で「ある時の職員会議で新人会のY先生が、ナニッ！バカヤロ！とやったことがある、この通りだ、バカヤロ！何ねごと云ってるんだ！で片づけたいことの多かりしことよ。しかも私が赴任して二年目であり、七人のサムライと新人会と入れ替えた年でも、尚、他の学校からみると驚くべき狂態であったことは新人会のメー《ママ》バーが毎日痛憤していたことでも分る」と書く。私たち生徒は、教師の中がこんなに酷いことになっていたとは全く思っていなかった。

彼らはこうした手法で、教師を脅し、分断し、生徒をしめつけて学校を支配しようとした。しかし、必ずしもそれは成功しなかった。教師と生徒は、団結して深川西高の自由と民主教育を守るために抵抗した。その大きな成果の一つについては次章の「答辞のたたかい」で述べることにする。

### (4)「新人会」教師たちのその後

「新人会」の教師たちが、私たちの想像をはるかにこえるやり方で深川西高の民主教育への攻撃を行う動機は何だったのか。彼らは教育をどのように考えていたのであろうか。三浦の

『ふだん着の校長』を読む限り、それらは見えてこない。ただ、彼らの中にある「出世主義」が露呈されているだけである。三浦は信じられない策を講じて、彼らの出世を後押しした。

「新人会のメンバーは校長、教頭、指導主事と栄進して貰わなければならん。〔略〕具体的な行動の一つとして、新人会のメンバーを教育庁の幹部に顔を売らなければならぬ。そこでメンバーを引具して札幌に出る。そして料亭の一室に幹部諸氏を招いて一ぱいやる。日本人の美風として食事を共にすることは膚に親密度を感ずると共に、ヤア、の一語で其の意が通ずるようになる、これには皆さん実に虚心坦懐で出てくれた、したがって談論風発、という感じであった。こんな雰囲気の中で新人会のメンバーは思い切り羽を伸したものである。日頃のウツ憤をこの時ばかりは思う存分はき出したのである。この経費は私のポケットマネーから出たと思うが贈収賄にはならない、何も求めていないから、だから幹部諸氏のお偉方は気軽に出て来て気軽に飲んで気軽におしゃべりしたと思う。」

本当にこんなことが行われていたのだろうか。北海道の教育行政を担う中枢の担当者に対し、高校の現場教師が「校長、教頭、指導主事と栄進」するために顔を売ろうと饗応の席を持つ。三浦は、自分のポケットマネーから経費を払ったが、道教委の幹部に何も求めていないから贈収賄にはならないと平然と言っている。しかし、新人会のメンバーを栄進させるために札幌の料亭に教育庁の幹部を招いて、彼らを紹介し、饗応することは許される行為ではない。饗応を受けた教育庁幹部にも公務員としての倫理観が欠如していたと言える。

道教委の幹部に顔を売った「新人会」の六人は、深川西高から転出後、それぞれに「出世」していった。『ふだん着の校長』によると、指導主事を経験したり、アメリカに留学したりと順調に階段を駆け上がり、同書が書かれた一九八二年当時、三人が校長、三人が教頭になっている。「目下、教頭三人、これもここ二・三年中には皆校長に栄進することはまちがいあるまい」と記している。

深川西高の民主教育を潰すために生徒や教師を攻撃し、道教委幹部を饗応して、校長、教頭に出世することが教育者としてのあり方なのであろうか。北海道の教育がこうした者たちに歪められ、支配されていたことが三浦自身の手記で明らかにされた。

# Ⅷ 「答辞」をめぐるたたかい
## ―一九六七年の卒業式―

前章までは『深川西高新聞』『学級日誌』『グループ日誌』『生徒会の記録』『深川西高記念誌』等の資料によって客観的に記述することを心掛けてきたが、この章ではそれができなかった。この章で取りあげる時期は、私が答辞の草稿を書いて卒業式委員会に提出した一九六七年二月一〇日から卒業式当日の三月一一日までの一カ月間であるが、生徒会にはこの間の動きに関する資料は残されなかった。また、当時その場にいた人たちが一堂に会して当時を語る機会を計画しようとしたが、新型コロナ感染があり、それ以上にあまりにも時間が経ちすぎていて、それも実現することができなかった。

そこでこの章は、答辞草案を作成し、卒業式当日答辞を読んだ私が、私の記憶、日記、メモを中心にして、一緒に活動した仲間の協力も得ながら、当時の状況を記録することにした。そのために、この章は私の主観が入って客観性を欠くことになっているかも知れない。そのことをこの章の冒頭でお断りしておきたい。

## 1　卒業式委員会

深川西高の生徒会は、毎年、卒業式前の一月頃に三年生が卒業式委員会を発足させて、卒業式の答辞の内容を検討することにしていた。答辞を読む者、草案を執筆する者を決めて、草案が出来上がった時点でその内容を検討するのが委員会の役割で、各クラスから一名が選出された。一九六七（昭和四二）年のこの委員会の顧問には「新人会」メンバーの一人Uが就いた。

第一回の委員会で、答辞を読む者と草案を執筆する者には、一九六六年度前期の生徒会会長であった私が選ばれた。卒業式委員会から二月一〇日までに草案を提出するように求められた。私は、これを承諾して草案の作成にとりかかった。

当時の私の日記とメモが残っている。これらを読むと、半世紀以上も前のことが昨日のことのように蘇ってくる。これらを参照にしながら当時を振り返ってみる。

## 2　答辞草案ができるまでと私の入院

私の日記によると、一月二七日、赤平市の高校で寮生活をしていた弟が、ラグビークラブの練習中に負傷し、手術をすることになり、母が赤平市の病院へ付きっきりになった。私は母のいない家で一人で答辞草案の作成にとりかかることになり、食事も十分にとらなかった。北海道では最も寒さの厳しい時期であった。

「二月五日　答辞原稿執筆。一気に書き上げる。原稿用紙一四枚」、「七日　学校を休んで弟の病院赤平へ。母と一緒に帰る」とあるから、答辞の草案は五日と六日の二日間で書き上げたようだが、原稿用紙に向かうまで何日も思いを巡らせ、徹夜を続けたのを覚えている。その後体調を崩し、「八日　学校を休んで病院へ。急性気管支炎とヘントウ腺炎。医者から一週間くらいは休むように言われる」が、草案を卒業式委員会に提出するために無理をして登校した。

一〇日に草案を卒業式委員長に提出。一三日、卒業式委員長より、顧問はこの答辞は不適当と言っているので今日の放課後、卒業式委員会に出席して欲しいと要請された。委員会では、顧問のUと私の間で意見が対立し、平行線となった。Uは「この草案を三年生に公開することは許さない。三年生の学年職員会議で検討したうえで卒業式委員会を開催することにする」と一方的に結論づけて終わった。

一四日は三年生の最後の授業であることと、放課後は答辞草案問題で三年生の有志に集まってもらい、私から草案の内容を報告することになっていたので体調が悪かったが登校した。しかし、午後から頭が割れそうに痛くなり、吐き気もし出して、六時限目の最後の授業では教師の顔がボヤーッとしか見えず、黒板も歪んでいて授業の内容は殆ど頭の中には入ってこなかった。帰りのホームルームの時間、担任の新西良子から「顔色が悪い。すぐに養護室へ行きなさい」と言われ、仲間が私を抱えるようにして養護室へ連れて行ってくれた。熱を測ると三九度あった。その日の放課後に予定していた、私から三年生への答辞草案の報告は不可能になった。生徒会の仲間が養護室に来て、「今日のことは俺たちがやるから、おまえは心配しないで寝ていろ」と言ってくれたので、あとは彼らに任せることにした。翌日から学年末試験が始まるにもかかわらず、その報告会には三年生八〇人が集まった。

報告会後、私は担任の新西、養護教諭の田中桂子と仲間に付き添われて深川の病院へ行った。診断結果は前と同じで急性気管支炎であった。翌日からの学年末試験は受けるつもりだったが、母は、弟の付き添いで赤平の病院へ行っていて、私は家へ帰っても一人で過ごすしかなかったので、仲間の神田健策の家に泊めてもらうことにした。一晩ゆっくり寝たら回復するだろうと安易に考えていたが、翌朝は起きることができず、学年末試験はあきらめざるを得なかった。一日目の試験を終えて仲間が来てくれたが、私の体調は悪くなるばかりで起き上がることも話すこともできなかった。新西が連絡を取ってくれて、翌日、母が赤平から神田の家へ駆けつけた。二日目の試験を終えた仲間と担任も来てくれた。みんなが心配そうに見守る中で、神田の母がミカンをむいてくれてそれをおいしく食べたが、次の瞬間、寝ている口から食べたミカンが噴水のように飛び出した。食べ物も受け付けない体になっていた。これでは駄目だということで、ハイヤーを呼んで病院へ行った。診察の結果、「無菌性髄膜炎」と診断されて、即、入院となった。

## 3　答辞草案の内容

一九六六年三月の「広域人事異動」＝「不当強制配転」に始まった、校長や「新人会」の教師たちによる「自由の学園」への攻撃について、私は、答辞の中でその実態を事実に基づいて述べながら、その要因が何であったかを明らかにし、それを克服して「自由の学園」をさらに発展させてほしいことを、在校生や教師に遺したかった。些細なことが問題にされて、本来私たちがみんなで考えなければならなかった「自由」「民主主義」「自治」「仲間」等の問題が話し合われず、暴力問題もこれまでのように秩序維持委員会を中心として生徒たちの討議によって解決するという方法はとることができなかった。

生徒会を指導し、支えてくれた教師たちが「不当強制配転」でいなくなり、私たちはその時の生徒集会で、これまでは教師に頼りすぎていた、これからは自分たちの手で民主教育と「自由の学園」を守り、発展させていこうと誓い合った。しかし、それは生徒だけがその気になっても不可能で、生徒と教師が地域、保護者の理解を得て、一体とならなければ築き上げることは出来ない。私が答辞草案の中で強調したかったことは、ただそのことだけであった。

私が書いた答辞草案は、卒業式委員会で検討された。私の草案では、「教育基本法」と「べトナム戦争」については触れていなかったが、卒業式委員会がクラスに草案を提示して討議した時に、これらのことが追記された。卒業式委員会やクラスの討議を経て、みんなの意見や思いが盛り込まれて、草案は三年生全体のものになった。これまでであれば、この三年生全体で作成された答辞が、卒業式でそのまま読まれたのであるが、この時はそうはならなかった。校長らが修正を強く求めてきたのだ。

## 4 「答辞」への攻撃と生徒のたたかい

ここで、校長、教頭、「新人会」の答辞への攻撃の実態と、卒業式委員会を中心とした生徒のたたかいを明らかにしておきたい。

前述したように、私たちへの攻撃の前面に立ったのは、卒業式委員会の顧問であったUである。Uが顧問になったと聞いて、いろいろと言いがかりをつけてくることは予測していた。私は二月一〇日に答辞草案を卒業式委員長の元へ提出したが、一三日の昼休みに委員長が私の所へやってきて「顧問が、答辞草案には問題が多くあると言っている。放課後、卒業式委員会を開催するので出席して欲しい」と言って来た。予測していたことではあったが、ひとりで委員会に出向くのは勇気がいることだった。というのは、委員会はUに屈していて、草案に委員会全体が反対しているのではないかとの不安を持ったからだ。敵陣に一人乗り込むような心境であった。

しかし、委員会は全く違った。草案に「問題が多くある」と言っていたのは顧問のUだけで、卒業式委員会の委員には草案は見せられていなかった。Uは、最初から「こんなものは答辞として認められない。検討する必要などない」と言って委員会の開催も拒否していた。私は、「今この場で良いから全員に読んでほしい。そのうえで、検討して欲しい」と発言し、委員全員がその場で草案を読んでくれた。少し長い文章ではあったが、みんな真剣に読んでくれた。その後、討議になったが、Uは一方的に、①儀式の場で読まれるものとして相応しくない、②広域人事異動で、道教委、文部省を非難している、③校長を非難している、④起草者自身の個人的なことが書かれている、⑤解決策が出されていない、⑥一部の先生に非難が集中している、ことなどを理由として「答辞としては相応しくない。絶対に認めるわけにはいかない」と言って譲らなかった。

卒業式委員会は私に賛同してくれてこれで良いとまとまったが、Uは自分の意見に固執したために膠着状態が続いた。私は「答辞は卒業生のものなのだから、三年生全体に草案を読んでもらい、それで賛同が得られたらそれで良いのではないか」と提案したが、Uは「この文章は三年生全体には出せない。まずは三年生の先生方で検討することにする」と言って、卒業式委員会を一方的に打ち切った。

委員会終了後、私は前期の執行委員を一緒に担った仲間の堀幸光の下宿*へ行って、同じところに下宿している、横井博、大久保豊、近所に自宅のあった神田らに集まってもらい、この後のことを相談した。

Uが三年生全体には公表しないと言っているので、クラス討議は出来ない。全体でなくとも一部の人たちにでも知らせるために、学年末試験の前日で難しいが、明日（一四日）、有志に集まってもらい、答辞草案を公表し討議することにした。以後、生徒のたたかいは、学年末試験、大学入試のまっただ中の困難な時期に入ったが、卒業式まで継続された。

翌一四日の放課後、私は病気のため養護室で静養して、三年生有志の会には出席できなかったが、堀が校内放送で学内にいる三年生に参加を呼びかけた。この会には、三年一組の教室に約八〇名が集まり、答辞草案を公表し、参加者で討議した。草案賛成が大勢を占め、H・R討議を呼びかけることを意思統一した。

一五日から一七日まで学年末試験が行われたが、その期間中の一六日に卒業式委員会が開催され、傍聴者約一五人が参加して、一七日の学年末試験終了後に草案を検討するために三年生の各クラスでH・R討議を行うことを決定した。

一七日の学年末試験終了後、各クラスで三時間に及ぶH・R討議が行われた。

二一日には傍聴者約四〇人が参加して卒業式委員会が開催され、H・R討議の意見が集約された。意見として、西高の良さをもっと出すべき、在校生に内容のある言葉を、われわれの生活の中にあった事実を客観的に述べるのは良い、事実を述べることにこだわってそれだけにとらわれてはいけない――等々が出された。その上で、草案賛成が大勢でまとまった。

学年末試験中で、大学入試の時期であったにもかかわらず、多くの生徒が集まって有志の会合を開催したり、卒業式委員会への傍聴にも参加し、H・R討議では三時間もかけて話し合いを行った。

*冬期は降雪のため汽車やディーゼル車は運休や遅延が頻繁で、深川周辺からの通学は困難を極め、多くの生徒は冬期間、深川市内での下宿生活を余儀なくされた。とくに深川と朱鞠内を結ぶ深名線は「猛吹雪の日、必ずといってよいほど運休した。二日も、三日も動かないこともあった」(殿平善彦「深名線」伊丹恒撮影集『幌加内』共同文化社、一九九六年)ために幌加内から通学する生徒は深川市内に下宿した。その下宿が仲間が集まる場所となった。学校は放課後や休日はストーブに火が入らず寒くて使えなかったが、下宿には暖房があり、生徒たちは仲間同士で集まって学校のこと、政治のこと、生き方、将来の夢など様々なことを語り合った。

## 5　答辞草案の検閲と修正要求

二月二一日の卒業式委員会で草案は最終的に決定されたが、顧問のUはそれを認めようとせずその後も修正を求めてきた。

Uがどのような手段をもって何を修正しようとしたのかを具体的に見ることにする。

草案は三年生の全クラスの討議を経て加筆、修正が行われ、卒業式委員会では私に読ませることが決定していた。これについては顧問のUといえどもどうすることもできなかった。

そこで彼は、私個人に修正を迫り、内容を変えようとした。それは異常ともいえるほど執拗で強引であった。先述したように、私は草案を卒業式委員会に提出して検討してもらった後は、病気のために入院してしまったのだが、Uは卒業式委員会で決定した答辞を認めようとせず、毎日のように私の病室へ来て草案の書き換えを迫った。同室の入院患者の方々が、「深川西高の先生はどうなっているのだ。生徒が入院して苦しんでいるのに、ここを変えろ、ここは削れと毎日のように来て、声高に指示しているのはおかしい。あんたは正しい。負けるなよ」と励ましてくれた。

Uが病室にまで来て、私に修正を迫ったのは次の五点である。

①卒業式は儀式であるから、時候の挨拶を入れ、参列して下さった方々への感謝の意を示すこと、②「広域人事異動」を西高が変わったことの要因としているが、これについてはいろいろな見方があるので言及しないこと、③校長の行動について書いてある箇所は一切削除すること、④一部の教師に非難が集中しているがこれは削除すること、⑤道教委の固有名詞は出さないこと。

ここで、修正要求をめぐるUと私とのやり取りと、答辞本文が草案からどのように変えられたかを具体的に示しておく。

①形式的な時候挨拶や楽しかった思い出を入れること

Uは卒業式は儀式との認識を変えず、それを私に押し付けようとした。時候の挨拶がないのはおかしいと言って、彼がどこからか入手してきた「春とはいえ、まだ寒さの残る今日、ご臨席の皆さまの……」等のどうでもいいような文章を冒頭に入れろとか、出席者への感謝の言葉は必ず入れなければならないし、三年間の楽しかった思い出も語るべきだと言って、それらを挿入することを迫った。

時候の挨拶は余りにも陳腐なので、これは拒否した。出席した保護者、来賓への感謝の気持ちは表明すべきと考えて、「父兄の皆様、来賓の皆様、お忙しい中をご出席くださいましてほんとうにありがとうございます」を冒頭に加えた。

楽しい思い出として彼が示したのは「ファイアーストームをクライマックスとする学校祭、夏のキャンプ。そして奈良・京都とめぐった修学旅行。これらの楽しい思い出も忘れられません」というありきたりの文章であったが、私たちにとっては、学校祭、修学旅行は「楽しい思い出」であるだけではなく、深川西高の教育の理念の具現化であって、これらを語りだすと一言ではすまされなくなる。今回の答辞のテーマは、それを語ることにあるのではなく、私たちが経験した一、二年生の時の学校生活と三年生の時のそれが余りにも大きく変化したこと、そしてその変化の原因が何だったのかを追究して在校生に伝えることだった。学校祭、修学旅行を単に「楽しい思い出」の一言で片づけたくはなかったが、ここで意固地になることもないと思い、彼の言い分を聞いて譲歩した。全体の内容には影響がないと考えた。

②道教委の「広域人事異動」についての言及は避けること

私たちが三年生になってからの深川西高は、それまでの自由でのびのびとした雰囲気が無くなり、いつも上から押さえつけられるような息苦しさを感じていた。その原因は、一九六六年三月の道教委による「広域人事異動」にあったのだが、それを述べることにUは強く抵抗した。その箇所はUの強引な修正で、次のように変えられた。

草案

「僕たちが二年生を終えようとした時、道教委から広域人事異動が発表され、西高からは八人*もの先生が転出されることになりました」

修正文

「僕たちが二年生を終えようとした時、突然西高からは八人もの先生が転任されることを聞き、びっくりしました」

「道教委から広域人事異動が発表され」を削除して、八人の転任は道教委が行ったのではなく、自然現象のように書いて、私たち生徒はその現象に「びっくりした」と訂正された。

③校長の行動について書いてある箇所は一切削除すること

Uは草案に書かれている校長批判を一切許さず、校長の行動について書かれている箇所については全面削除を要求した。

草案

「生徒会では十年計画委員会を設けて生徒の要求をまとめてきました。しかし、いくら十年計画委員会が生徒の意見である便所の改築、水呑場の改築、クラブ部室の新築を要望としてまとめて、「期成会」の副会長である校長先生の所へ持っていこうとしても、校長先生はそれを受け付けてくれようとはしませんでした。そして、十年計画委員会などは不要なものである、廃止すべきだと教頭先生を通じて言われました」

修正文

「生徒会では十年計画委員会を設けて生徒の要望をまとめてきました。しかし、いくら十年計画委員会が生徒の意見である便所の改築、水呑場の改築、クラブ部室の新築を要望としてまとめ、それを再三にわたり、学校の方にお願いしましたがいまだに実現に至らず、生徒は毎日の学校生活の中で不便な思いをしている現状です。生徒が学校生活を通して感じていることをもっと聞いていただきたいものです」

十年計画委員会が校舎の改築に関する要望をまとめて校長に提出しようとしても、校長は会わないどころか、十年計画委員会は不要だと言ったことをすべて削除し、校長にではなく、「学校の方にお願いしました」と変えて、校長の責任を学校全体に拡げてその責任をあいまいにしてしまった。

草案

「生徒会活動をするうえで、はじめから最後まで大きな障害となったのは、今あげたように生徒と先生の間、関係でした。これが表面化したのは、六月のスポーツ大会の時以来です。校長先生が開会式の挨拶で「君たちの態度は悪い。私を嘲笑している」と怒りました。僕はこの時思いました。校長先生自身には責任はないのか。僕たち生徒に信頼されないという原因は自分で作っているのではないかと。人事異動の問題がおこった時、校長先生は修業式に出て来られませんでした。教頭先生の話だと「身体の容態が悪い」ということでした。しかし、その日の午後六時の汽車に乗るために校長先生が駅にいるのを多くの西高生は見ていたのです。修業式という大事な式に出席できないような容態で汽車に乗るというのは僕たちにはどうしても理解できませんでした。そして、その後も十年計画委員会に会ってはくれず、代議員会が会ってくれるよう要求しても拒否して、学校祭の開会式にも閉会式にも出席してくれませんでした。学校祭ではただ一度、運動会の開会式にだけ出席してくれましたが、競技などは一切見てくれませんでした。これでは校長先生に対して僕たちが不信感を持つのは当然のことと思います」

修正文

「生徒と先生の間がスムーズにいっていないと思いはじめたのは六月のスポーツ大会の時あたりからです。「態度が悪い」と校長先生に叱られ淋しい思いをしました。また、割り切れない感じのあったのも事実です。そうした考えのおこってきた原因をさぐってみると、それは、校長先生をはじめ先生方との接触の機会があまりにも少なく、深い話し合いがなされなかったことにあると思います。十年計画委員会も代議員会も、そして個人の生徒も親しく校長先生と話すことのできる機会を待ち望んでいました。また、できる限り多くの先生方と話し合いたい、意見を聞いていただきたいと望んでいたのです。それが少なかったために、僕たちと先生方との間が疎遠になっていたのだと思います」

この箇所の修正を求めるUの私への迫り方は尋常ではなかった。これが草案のまま答辞として読まれたら、三浦が深川西高でやってきたことが明らかにされて、校長としての生徒への対応が社会的に問われることになると考えたのだろう。Uは三浦を守ろうと必死であった。

④一部の教師、特に「広域人事異動」で着任してきた教師への批判を削除すること

Uは、「広域人事異動」で着任してきた「新人会」のメンバーについて、草案に書かれたことは事実かどうかわからないので取り上げるべきではないとして、削除したり、「新人会」教師への批判を教師一般に広げて曖昧にした。

草案

「僕たちが不信をいだいた先生は校長先生だけではありませんでした。ある先生は、一年生のクラス担任だったのですが、その運営委員会には一度も出席してくれず、一年生は何をすれば良いのかわからないというのです。また、生徒が先生の意見に反対すると先生は目をむいておこるので、自由に言いたいことも言えないと嘆いていました」

修正文

「生徒と先生との話し合いの少なさが、最も大きくひびいたのは一年生だったと思います。H・Rの活動機関である運営委員会などに先生方が出席される回数は、あまりにも少なすぎたのです。そのために一年生は何をしたら良いのかわからず困ったということです」

原文では、一年生のクラス担任と特定しており、この教師は「広域人事異動」で着任してきた六人のうちの一人だった。その教師のしたことを、教師と生徒の話し合いの少なさに一般化して、深川西高の教師全体が生徒と話し合いをしていないかのように変更された。

⑤道教委の固有名詞は出さないこと

卒業式には道教委も来賓として出席するが、その道教委の前で道教委批判は許されない。道教委に対して面目が立たないし、自分たちの出世にも大きく影響する。そう考えてUは必死で道教委批判を削除しようとした。

草案

「この反対運動〈広域人事異動への反対〉は、ただ先生方の転任に反対するだけではなく、道教委や文部省が『期待される人間像』などを出し、僕たち高校生を、個性をもたない、何事にも黙って権力側から言われたとおりについていく人間性のない規格品にしようとする高校教育方針に対する反対であったのです」

修正文

「この広域人事異動について、運営委員会、H・Rなどで話し合い学習していくうちに「文部省が期待される人間像などを出し、僕たち高校生を個性をもたない、なにごとにも黙って言われたとおりについていく人間性のない規格品にしようとしている」ことなどがわかってきました」

この箇所も、Uが執拗に修正を要求したが、私もここは引き下がらなかったためにこのような曖昧な文章になった。滑稽なのは、文部省批判は残して道教委の名称だけを削除したことである。Uにとっては、遠い存在の文部省より、近くにある道教委への批判と道教委が進める

「広域人事異動」への批判だけは避けたかったのであろう。

卒業式当日、私は退院直後で式への最初からの参加は無理で、答辞を読む番が来るまで養護室のベッドで横になっていたが、そこまでUはやってきて、なお「この箇所を削除できないか」と迫ってきた。私は「こんな場にきてまだ言うか」との怒りよりも、Uへの情けない気持ちの方が強くなって、「もうやめましょう。終わったんです」と冷ややかに突き放した。

＊深川西高からの転出は異動希望者二人、異動希望を出したが希望先がまったく逆の地への配転一人、異動希望を出していないのにそれを無視した強制配転三人、教頭一、定年退職者一の計八人。

## 6　卒業式委員会顧問の脅し

答辞の草案をめぐって、これまでUとのやり取りを中心に述べてきたが、私が書いた草案と比較してみると相当の修正が入っている。いま読み返してみて、私たちが在校生に伝えたかったことがかなり変えられてしまっていたことに、改めて愕然とする。

草案はすでに三年生全体で討議されて大枠で私の草案に賛意が表明され、いくつかの修正と加筆が行われて、全体の仕上げは私に託された。本来なら、私はその作業に没頭すればよかったのだが、Uはそれを許さなかった。Uは毎日のように病室の私を訪れて草案の修正を迫った。しかし、私にはこの草案は私だけのものではない、三年生全体の答辞なのだという思いがあって、Uの修正の強要に簡単には屈しなかった。

こうしたやり取りの中で、Uが発した脅しのような言葉が忘れられない。

「この答辞は社会的に大きな問題になる可能性がある。もしそうなった場合、この答辞が社会に変に誤解されないかということが一番心配だ。深川西高では以前にも「あゆみ会事件」があったが、あの時は社会的な問題になり、社会の誤解もあってひとりの生徒が自殺している。今回もあのような不幸なケースが起こるのではないかと感じられる」。

私はこの言葉を聞いて動揺した。社会に誤解されるような表現になってはいけない。私たちが本当に訴えたいことが、誤解を生むことでゼロやマイナスになってしまう。これを避けるために、表現には十分配慮しなければならないと考えた。その後、Uが提示する文章を少しずつ受け入れた。当時の日記やメモに、Uからの修正を受け入れざるを得なかった時の気持ちが綴られている。

「Uの意を受けて、誤解されそうな表現は直した。その結果として、全体がはじめよりはかなり弱いものになってしまった。しかし、父母や在校生に変に誤解されるよりはいいと思った」

「直された文章を見て、「これじゃあ駄目だ」という人もいた。「櫻田はUの言うとおりになっている」と言い出す人もいた。しかし、彼等には社会から誤解されてはこの答辞も全く逆効果になってしまうということをわかってほしかった」

「何度直してもUはウンと言わなかった。悲しくなってきた」

病床にある生徒に対し、強圧的に答辞草案の修正を迫ってきた教師に、今も強い憤りを覚えるが、Uに指示を出していた人間がいたことを知るのは、後年である。

## 7　卒業式前日の生徒たち ―三浦校長との話し合いを求めて―

私が病室でUの執拗な修正要求を拒んで耐え忍んでいる間に、学校では卒業生が校長や教師との最後の話し合いをするために奮闘していた。

卒業式の前日（三月一〇日）、三年生有志の提案で「卒業生と先生の懇談会」が行われた。これは卒業を前にした三年生が、この一年間の深川西高での生活を顧みた時、一・二年生の時にあった、自分たちのことは自分たちの責任で決めることや、仲間を大切にする気風が失われて、これまで誇りにしてきた「自由の学園」の灯が消えてしまうのではないかとの不安を持ち、それが校長をはじめとした教師たちとの信頼関係が失われたことに原因があるとの結論に達し、それらを少しでも解消しようと校長を含めた教師との「懇談会」を提案した。この提案は、生徒会執行部などのフォーマルな組織ではなく、生徒たちの自主的な話し合いによるものであった。「懇談会」を提案した有志の一人は「式前日、矛盾〔教師と生徒の信頼関係の喪失＝筆者〕をなくし、これからの西高のためにと思って先生方との話し合いを設けた」（『凍原に生きる』第四号、一九六七年七月）とその目的を語っている。

この懇談会に、生徒の話し合いの申し入れを拒み続けて、生徒の前にほとんど姿を見せなかった三浦校長がめずらしく要請に応えて出席した。これについて三浦は『ふだん着の校長』の中で次のように記している。

「私は学年主任、国語科主任を呼んで、「従来の祝辞、答辞は高校の卒業式にはなじまないと思うので、発想を変えてもらいたい、この点教頭ともよく打合せて善処するよう」厳命した。

さて卒業式は明日となった、私は三年の主任や教頭からの連絡を待つ気持ちで、夕暮せまる校長室でポツネンとして過ぎし一年の思出にひたっている所へ、三年の女子二人が入ってきた。曰く、いよいよ私達は明日卒業する、最後の思出に校長先生を囲んでお話をおききしたい、と。その態度は可憐そのものである。高校生活の別れを惜む乙女のロマンであるわい、と私も一種のセンチになって、「ああいいヨ」というわけで案内された生物教室に入ってみると、約一二〇名の男女生徒が半月形に陣取って、視線の集る点に円い木の椅子、これに座れ、という。先刻の女子生徒は私の両側に位置する。さてこれからの其の女生徒の司会振りは、その言葉づかい、内容、とても先刻のロマンもセンチもあるものか、一変して夜叉と化した。みると生徒の列の処々に教員も混ざっている。全ての視線、それも一八〇度の角度に亘って射るように私に向っている。思出を語る、なんてものぢゃない。所謂つるしあげ、である。蜜の如き甘い言葉に誘われて地獄の底に叩きこまれた自分を哀れみ悔むと共に、この卑劣きわまるやり方に憤りの湧き出るのを抑へた。半月形のあちらこちらから矢つぎ早に飛び出す質問、詰問、罵声、私の位置からすると私の視線と注意は絶え間なく分散を強いられる。

かれこれ一時間半程して、教頭と事務長が事の次第を知って救出にかけつけてくれたが、脱出が容易でない。自己批判が完結していない、総括は未完成である、ということで解放できない、ということである。」(『ふだん着の校長』)

生徒たちに拉致され、「つるしあげ」られて、教頭と事務長が救出に駆けつけてようやく「解放」されたと書いているが、これは三浦の被害妄想的な虚言であって、事実ではない。

この「懇談会」について『深川西高新聞』は「卒業生と先生の懇談会開かれる」の見出しで次のように報道している。

「三月十日、〔卒業式の〕予行練習の後二時間ぐらいの間で話し合いがなされました。この会を開きたいと思った動機はつぎのとおりです。

Ｈ・Ｒで一年間の総括をしたのですが時間も短かく、十分に話し合えなかった。先生との話し合いも十分時間をとて《ママ》持ったことがなかった。先生方に対する不信感が強くなってきた、それで卒業前に先生方と話し合ってその不信感を信頼感に変えようということでした。

〔中略〕話し合いはグループ形式で行なわれ、楽しいふんいきの中ですすめられました。来年度からはこれを足場に発展させてもらいたいと卒業生はいっています。」（同紙、第七〇号、一九六七年三月一一日）

ここでは、「懇談会」の目的が校長を「つるしあげる」ことではなく、この一年間、教師と十分に話し合いがもてずに不信感が大きくなっていたので、それを少しでも払拭するために時間をとって話し合いがしたいということを明確にしている。ただ、「楽しいふんいきの中ですすめられました」とあるのは事実ではない。卒業生が不信感を持っていた校長と対面して、「楽しいふんいき」で話すことはできなかった。卒業を前にして、校長に対してはこれまでの生徒への対応の仕方についてを問いたかったし、生徒の気持ちも知ってほしかった。

この懇談会に参加した生徒がその時の気持ちを卒業してから書いている。

「式前日、これからの西高のためにと思って先生方との話し合いを設けた。しかし、校長先生たちは常に真実から回避した態度だった。校長をはじめとする一部の先生が本当に生徒のことは考えていない、頭から生徒を信用していないことがはっきり理解できた。」

（O（高一九期一九六七年卒）「答辞に思うこと」『凍原に生きる』第四号、一九六七年七月）

この懇談会は、生徒が校長との話し合いを要請しても応じなかったこと、体育祭の挨拶で一方的に怒り出して降壇し家へ帰ったこと、教頭が『深川西高新聞』の検閲を行おうとし、教師の言うことを聞かない者は退学してもらうと発言したこと、秩序維持委員会の活動を停止させようとしたことなど、この一年間にこれまでの深川西高では考えられなかったことが次々と起こったが、それらについて校長に説明してもらい話し合うことが目的であった。しかし、三浦校長は生徒のそうした真摯な気持ちを理解せずに、生徒と向き合おうとしないままに「つるしあげ」られたと書いた。

この懇談会が、三浦の言うように生徒が拉致してつるしあげ、教頭と事務長が救出に来るような事態が実際に起こっていたのなら、三浦校長や教頭はこれを黙って見過ごすようなことはなかったであろう。職員会議で問題にし、外の機関に訴えることもしたはずである。しかし、三浦校長はそれをしていないし、そこに参加していた生徒も教師もそんなことはなかったと言っている。懇談会が開催されたことを紹介した『深川西高新聞』も「つるしあげ」については一言も書いていない。

生徒の要請で「懇談会」に出席した三浦校長は、生徒からいくつかの質問を受けたが、それらには一切応じずすぐに席を立った。校長が席を立った後、残った教師と生徒がこれからの深川西高のことを話し合った。『深川西高新聞』はこの部分を「楽しいふんいきの中ですすめられた」と、報道した。

この「懇談会」への校長の出席要請に女子生徒が二人、校長室へ来たと三浦は書いているが、これは事実である。普段から姿を見ない親しみのない校長のところへ、生徒有志が主催する「懇談会」への出席を要請に行くのは勇気のいることである。これを女子生徒二人が担当して、やり切るところに深川西高の女子の力が示されている。

この「懇談会」開催の計画は、堀の下宿に十数人が集まって話し合い、練られた。三浦校長への質問事項、進め方、参加の呼びかけの方法などが綿密に計画された。

私立大学や国立大学一期校の入試は終わっていたが、まだ国立大学二期校の入試は残されていた。この時期に三年生が集まるのは容易なことではなかったが、卒業式の予行練習という多くの生徒が久しぶりに集まる機会を利用して「懇談会」の開催を計画した。生徒と会うことを拒否していた校長に出席を要請して、出席した校長に対しては怒りや感情を直接ぶつけるのではなく、冷静に彼の考え方を聞くことに徹することを決めていた。これが深川西高の民主教育を受けた生徒たちの手法であった。

## 8 仲間の支え

私は、卒業式にどうしても出席したいので退院させてほしいと病院の医者に申し出たが、許可してくれなかった。卒業式前日の夜、無理やり退院することにして仲間らの助けを借りて病院を脱出するように家に帰った。答辞の文案は、Uが三年生担任の学年会議で結論が出ていないことを理由にしてまだ了解していなかった。しかし、私の中では答辞は完成していた。あとは明日の卒業式で読むだけと思っていた。

私は久しぶりに家に帰ってきたが体調はまだ万全ではなく、明日の卒業式で読む答辞の準備をして早めに寝ようとしていた。そこへ夜の九時頃、Uと担任の新西、横山保重が家へやってきた。突然のことで驚いたが、母は私以上に驚いたと思う。その後すぐに、答辞問題を学校内でたたかっていた神田、堀、英《はなぶさ》弘が私の家へ来た。私の体調を心配して来てくれたと思ったが、あとで聞くとUが櫻田の家へ行くことを知って駆けつけたとのことだった。しかし、彼らはUによって話に入ることを拒まれて、隣の部屋で待機させられた。

Uはその場で「ここだけは直して欲しい」と言って、道教委の広域人事異動のことを書いた箇所の削除を迫ってきた。彼は、この答辞原稿にある広域人事異動の見方は一方的で、事実ではないという。私は、「先生は事実でないと言うが、僕たちは道教委が強行した広域人事異動が、深西の教育を変遷させ、学校内での先生と生徒の信頼関係を失わせ、生徒会活動を委縮させてきた元凶と考えている。深西の三年間を述べる時、この問題を避けて通ることは出来ないし、これを答辞の中に入れなければ虚偽になってしまうので絶対に譲歩できない」とつっぱねた。担任の二人が側で見守ってくれていたのと、仲間が隣の部屋に控えていることが私を勇気づけてくれた。この場には母が同席してお茶を出していた。退院してきたばかりの子どもを責める教師を見て、どんな気持ちであったであろうか。母はこの件に関しては、その後何も言わなかったが、母の心中を察すると今でもつらい。

教師たちが帰った後、仲間と一緒に寝て、翌日バスに乗ってみんなで卒業式に向かった。バスの中で新西と一緒になった。新西は「今朝、七時から職員会議をやると言って校長から召集がかかったが、私は、無視をして式の時間に間に合うように行く」と言っていた。

その後、学校へ行ってからのことは先に述べた通りだ。Uの答辞修正の要求は、卒業式の直前まで続いた。

## 9　答辞の検閲・修正は校長が命じた

答辞の検閲・修正はUひとりの発案でできることではなかった。三浦の『ふだん着の校長』には、一九六七年三月の卒業式の答辞への仕組まれた攻撃の内容が暴露されている。それは三浦が命じたことであった。

三浦は深川西高の卒業式を嘲笑う。

「校長告示なんてものは式順の中にはない、来賓祝辞以下、卒業生代表答辞と、表向きは別段のことはないが、問題はこの中身である。

先ず世界の状勢分析から始まり、ベトナム問題、朝鮮半島の問題と、一応国際関係を論じ、転じて政府自民党の政策を批判し、校長は文部省、道教委の走狗となって民主教育を破壊する不逞の徒である、と結ぶ。大いに時局を憂えて若人の責務を問う、という次第であるから普通のそれとは格調が異う。陽光が残雪を照しねこ柳の芽がふくらんで……云々なんてものとは次元が異う。卒業生代表も在校生代表も、校長を不逞の輩ときめつける。ＰＴ会長、同窓会長のそれも大同小異である。卒業式のこのアピールは世界の動向に変調を来す体のものであったと記憶する。頭脳の良いのが入ってくる、入学して以来授業も大切だが、話合い、討論を重ねるから生徒の口頭舌端の能力は大したものだ。内容は空虚でも」（傍点は原文のまま。以下、同じ。）

三浦は、三年生の学年主任、国語科主任（U）を呼びつけて、「従来の祝辞、答辞は高校の卒業式にはなじまないと思うので、発想を変えてもらいたい、この点教頭ともよく打合せて善処するよう」（同上書）に厳命した。

これがUの執拗な答辞草案への修正要求の背景であった。しかし、それは思うようには進まなかった。

卒業式の前日から当日までのことを三浦は『ふだん着の校長』の中で記す。

「校長室に引揚げて、明日の祝辞、答辞はどうなっている、と〔教頭に〕聞くと、学年主任のもとで進めているがまだ終らない」と言われ、この件は「運営委員会、職員会議という正規の手続きを経ていない。云うなれば、学校としての正式の方針ぢゃないから学年主任が難航しているのは分る。〔中略〕深夜二時、電話のベルに起こされると教頭からである。原稿は一応できた、しかし内容は例年と大同小異だ、今まで努力したがどうにもならん、という。そこで私は、「午前七時から職員会議を開く、このことを全教職員に連絡してほしい」と告げて又布団にもぐり込んだ。〔中略〕午前七時十分前、平服のまま学校に行ってみると全員集合だ。式服を着ているものと平服と半々だ。私は別にモーニングを風呂敷に包んで校長室の机の下にほおり込んである。」

答辞の修正をUに命じていたがそれがうまくいかなかったために、三浦は卒業式当日、朝七時から職員会議を招集した。彼はその時の職員会議の様子について『ふだん着の校長』にこう書いている。

「卒業式の祝辞、答辞について例年の実状を聞いたが之は好ましくないので今年は改めるよう、三年の主任に命じておいた。ところが今朝二時になって教頭からの報告によると、従来と変らん、主任の指導にもかかわらず生徒が聞き入れない、ということである。若しこれが事実であるとするなら、式を挙げて例年どおりの祝辞、答辞を読ませることは好ましくないので、卒業式は取りやめる、と宣言した。」

生徒の送辞、答辞の内容が気に入らないから卒業式を行わないなど常識では考えられない無茶苦茶な論理である。

この三浦の発言に、三年生の学年主任は、「今年はやむを得なかったが来年は我々が責任を持って改善したいので、今年の卒業生は式を挙げて送り出してもらいたい」と懇願し、三浦は結局「三年の主任の意見を信頼して今年の卒業式は挙行すると宣言し」たという。とんだ茶番であるが、私たちの卒業式の裏でこんなことが実際に行われていたことを後に知って、怒りが込み上げてくると同時に、やはりそうだったのかとの思いも生じた。Uの執拗な答辞修正の裏には、校長がいたのである。

三浦のこの告白からは、逆に彼の思い通りには進まない焦りが感じられる。卒業式前日の、いや当日の午前二時になっても答辞の修正はまだ思う通りにはならず、狼狽して新たな策を弄しなければならなかった三浦の心中は如何なるものであったであろうか。その焦りが朝七時からの職員会議の招集であり、卒業式は取りやめるとの脅しであった。しかし、それは功を奏しなかった。

卒業式は予定通り行われ、答辞は最後まで読まれた。しかも、読み終わった後に会場から拍手が起こった。一九六六年度第一九回卒業生の答辞は、出席者から大きな共感を持って受け入れられたのである。

卒業生が在校生に送られて退場し、その後の在校生の退場を見届けて三浦は、出席していた保護者の前に進み出て、「今日の卒業式は私どもの指導が行き届かず、あのような答辞が読まれてしまった。申し訳ない」と陳謝した。三浦には屈辱的であっただろう。当日、保護者として出席していた神田の父親は、「校長と君たちのどちらが正しかったかがわかった」と言ってくれた。神田の父は、旭川師範学校の第一回卒業生で、三浦とは同期であった。

三浦は『ふだん着の校長』のなかで卒業式後の謝罪については何も書いていない。この時の心境について正直に語ってほしかった。

## 10 卒業式の成功

一九六七年三月の卒業式での答辞は、在校生や出席した保護者に受け入れられた。答辞の内容は原文に比べるとかなりの部分で修正が加えられたり、削除されたりして三年生の思いはそのままの形では反映されなかったが、三年生が在校生に伝えたかったことは言葉足らずではあっても表現されていたはずだ。

そして何よりも、答辞そのものを儀礼的、形式的なものにしてしまおうという校長らの企てを、生徒たちの力で押し返して内容のある答辞を残すことができた。答辞を堂々と読むことができたことを、私は今も誇りに思う。このたたかいには、民主教育と「自由の学園」をめざして、その中で育てられてきた生徒たちの成長が集約されていた。

一緒にたたかった仲間の堀が卒業後、『凍原に生きる』第四号（一九六七年七月）に「答辞に思うこと」と題する一文を寄稿している。

「卒業、受験、櫻田君の入院などで活動は困難化した。生徒の作るべき答辞に一部の先生が何故反対するのか。しかも、この答辞を全クラスが認めたのに。私はこう思う。―答辞には我々全員の不満、悩みを強く訴え、これからの我々の方向を描いていて嘘は書いていない。具体的事実を例として訴えれば一部の先生の行動が地域社会に知れ渡り、生徒はともかく、社会は、……とおそれていたのだろう―そして我々の主張が正しいものだから問題の本質にはふれず、形式が、文体が、手続きが云々と反対してくる。それに対して我々の活動も卒業式委員会を中心に組織化し、常々正しい行動で話し合い、運動していった。我々の意見は卒業生三百余人の力であり、『信頼感』によって結ばれた『仲間（連帯）意識』であった。〔中略〕答辞が読まれ出した。私たち卒業生の眼は真剣だった。いや、在校生も父兄も教師もだ。答辞は進む。しかし、原稿通りの答辞ではなかった。具体的事実がない。表現の形も大分違う。と同時に何かしら怒りのような炎が燃えあがるのを覚えた。こぶしは固くにぎられていた。

しかし、しかしだ、我々がいつも根本においていた訴えまでは変えることが出来なかったのだ。病身の櫻田の読む一言一言が私の胸に突き刺さってくる。二十分、いや三十分か、答辞が終わった。今まで物音一つしなかった静けさの会場から割れるような拍手が卒業生の手から、在校生の手から、父兄も教師の手からもいつまでも鳴り響いた。(式の前に教頭先生から式中の拍手は禁止されていたのに)。我々が常に訴え続けた、〝教育は生徒、教師、地域で〟が今、一つになったと感じた。何とも言い難い感情が後から後からこみ上げてきた—私はこの卒業式を一生忘れないだろう。」

# Ⅸ 一九六七年の卒業式後の深川西高

## ―破壊攻撃の継続と生徒のたたかい―

一九六七（昭和四二）年の卒業式で三浦校長ら一部教師によって修正を迫られ、読むことができないかと思われた答辞は三年生の見事な団結で乗り越えて、内容は少し変えられたがその主旨は守りぬかれて卒業式で堂々と読まれ、在校生、保護者、教師、来賓に感銘を与えた。

校長の三浦は、真実が書かれた答辞がみんなの前で読まれて窮地に追いやられ、式の終了後、会場から退出しようとする保護者を慌てて呼び止めて言い訳をした。

三浦は卒業式後の三月末で退職したので、深川西高も元の自由な民主主義の学園に戻るかと期待されたが、そうはならなかった。深川西高の教育を潰そうとする意思は道教委のものでありそれは揺るがなかった。道教委に追随する教師はそのまま残っており、三浦の後任として着任してきた校長が加わって深川西高への攻撃は前にも増して強化された。しかし、生徒は深川西高の自由と民主教育を守るために挑み続けた。その後の深川西高への攻撃とそれに抗して生徒たちがどのように立ち向かったのかを見ておく。

## 1　答辞・送辞の新聞掲載拒否問題

一九六七年の卒業式の答辞、送辞問題は式が終わって終幕とはならなかった。新聞会が『深川西高新聞』に答辞、送辞の全文掲載を企画した。五月一三日、札幌の印刷所へ割り付け作業に行くことになっていたが、校長から「職員会議でみんなの意見を聞くから割り付けに行くのは待ってほしい」と掲載にストップがかかった。

新聞会がこの時の答辞・送辞新聞掲載拒否問題の経過を全校生徒に公表した『新聞会資料』（一九六七年六月一九日発行）を基に紹介する。

五月一三日、生徒は校長に面会を申し入れ、掲載ストップの理由を問いただす。

校長の発言。

〈課外活動について〉

①学生は狭い意味での学習〔授業のことか？＝筆者〕を中心とし、課外活動はそれを補うものであるから狭い意味での学習をしない者は、高校生としての価値がない。

②授業で得られない事を学校というわくの中で学校がさせているのであって、授業よりはフリーであるが、勝手にやって良いものではない。

③校長が指導の全部を行う事はできないので普通は顧問に頼んでいるが、特別重大な問題の時は校長が直接指導する。だから校長や教頭がいうのを検閲等と考えてもらいたくない。

④校長は道教委から西高をまかされてきているので、全責任は校長にあるのだから校長がいろんなことについて判断する。

⑤道立高校は道教委で指導要領が決められているので、私立のように特殊性があってはいけない。
〈新聞会の活動について〉
①新聞会の活動は他のクラブと異なっている。他のクラブはそのクラブだけですむが、新聞会の活動は活字となって残るし、全部の生徒にも伝わり影響を及ぼす。だから、新聞会の活動を新聞会だけの活動だと考えるのは新聞を私物化することになる。
②最近の高校新聞は一般的に足元を照らさず遠くの方ばかりをみる傾向がある。もっと身近な問題、例えば新任紹介、年間行事、進路指導の先生の今年の方針・作業等を取り扱ったらよい。
③ベトナム戦争は高校生が取り扱うべき問題ではない。直接関係があるのならともかく。
〈答辞・送辞の掲載について〉

私は答・送辞に疑義を持っているし、大きな教育的な影響があるので出してもらいたくないと思っていた。しかし、〔教員組織の〕生徒部で「出させたい」という結論が出たので、
①他の先生の意見を聴いてもう一度考えてみたい。
②もし出すことになっても悪い面を職員が指導できる体制を作るためにも職員会議を開きたいので一週間待ってほしい。
生徒からの「大きな教育的な影響」とは何かとの質問に、
①答・送辞には悪いところがある。卒業式は儀式であって、答・送辞は形式的なものが普通であり、新聞（商業紙）などで取り上げられている答・送辞は普通でないからである。

②批判をああいう形で、ああいう場で読まれたことはまずい。いろいろな問題は事前に解決するべきでなかったか。
③全部があんな生徒だと思われたら困る。
④いくら三年生の話し合いでつくられたとしても、それには限界がありどうしても読む人の意見が入る。
⑤二、三年生は卒業式で一度聞いてしまったから仕方がないが、一年生には知らせたくないし、これが本当の答辞、送辞と思われたら困る。
⑥新聞会の掲載の意図が問題である。
　生徒が「一週間後には結論を出していただけるのか」と質問したのに対して、校長は「来週中には割り付けに行かせてやりたいし、行かせてやれるだろう」と回答。

　五月一九日、職員会議が開かれ、生徒は八時半まで待機したが結論が出ず、教頭から「職員会議で一致していないので何も言えないし、答辞、送辞に関しては一切活動しないでほしい」と言われる。

　五月二五日、校長と二回目の話し合い。

校長の発言。
①前回の時、必ず出せるとは言わなかった。前向きの姿勢でやってきたができなかった。決してペテンにかけるつもりはなかった。

②職員会議で話合いを続けるので、結論が出るまで待ってほしい。
③新聞を早く出したいのなら、差し替え記事を準備した方が良いのではないか。
④生徒と先生は対等の立場ではない。
⑤生徒会は要求する団体ではない。だから生徒は学校に要求してはいけない。
⑥生徒が先生の指導に納得できない時は話し合うが、それでも納得できない時は先生の指導に従ってもらう。その結果、間違っていたら校長が責任をとる（校長を辞める）。

六月六日、読売新聞、朝日新聞に答辞・送辞掲載についての記事が載る。


（読売新聞）

「卒業式の送・答辞掲載で対立……　生徒新聞の発行に学校側が〝待った〟深川西高」

「校長の話　この送答辞が新聞に出た場合、生徒に与える影響とその後の生徒指導が問題なのであらかじめ先生方に十分論議してもらっている。近いうちに結論が出されると思うが内容からいって、のせることになったとしても修正されることになるだろう。」


（朝日新聞）

「ベトナム反戦の答・送辞　全文掲載許せぬ　深川西高　生徒新聞に待った」

「校長の話　ある意図のもとに書かれたとは思わないがこのまま新聞にでて永久に記録されることになれば誤解のもとになる。高校生といえばまだ人格形成の途上にあるわけで、いいたいことはなんでも新聞に発表するというのでは、教育的立場から見ても好ましくないと思い、まだ新聞発行の許しを与えていない。」

六月九日、新聞会、執行部、秩序維持委員会、執行委員会など四〇名が、校長先生に会う。

生徒から「なぜ、〔読売、朝日〕新聞に出したのか？」と質問。

校長の回答は「新聞に出しては欲しくなかったが、話したら出されてしまった」

六月一四日、報告集会開催。二〇〇名余りが参加。六月九日の校長先生との話し合いの結果とこれまでの経過を報告する。

その後、「新聞会資料」を利用して各クラスでH・R討議が行われ、校長に対してこの間の事態への説明会を要求する決議があがった。

校長は説明会の開催に応じるが、全校生徒を一堂に集めるのではなく、学年別に行うことにして生徒の力が少しでも分散するように謀った。この説明会では肝心の送辞・答辞の新聞掲載問題にはほとんど触れず、中身のない説教に終始し、勉強について「一年生は基礎期で、西高は課外活動が活発過ぎるので、あまり顔を出さずに勉強をしなさい」「二年生は充実期であり、大切な時期で、狭い意味での勉強をしなさい」「三年生は完成期です。勉強だけしなさい」と陳腐な理論を展開して生徒の失笑を買った。*

この説明会に納得しなかった生徒は、再びH・R討議を展開し、再度説明会を要求する決議を行った。議長書記会は①校長の今回の話ではどうにもならない、②新聞を発行しよう、③質問形式の説明会の開催を―ということを校長に提示した。校長は「あの答辞は形式としてはいいものではないが、生徒の中に不信感が盛り上がっており、担任もうまく説明、指導ができていない。新聞を出すことによって解決されるだろう」と責任を教師の指導に押しつけて、答辞・送辞の全文掲載を認めた。『深川西高新聞』（第七一号、一九六七年七月二〇日）は当初の発行より二ヵ月遅れたが、答辞・送辞を全文掲載して発行された。生徒の全面的な勝利であった。

三浦の後任として深川西高に校長として赴任してきたHは、三浦と同じように深川西高の自由と民主教育を潰そうとした。三浦やHの人間性や性格は確かにひどいが、ここまでくるとこれはもう彼らの個性の問題ではない。生徒、教師、地域が一体となって民主教育をつくり上げることを許さない道教委の方針が基本にあって、それに忠実に従う校長、教頭を利用してなりふり構わず民主教育の解体を押し進めた。

しかし、生徒たちはこうした攻撃に屈せず、深川西高の自由と民主主義の伝統を守るために、事実経過を全生徒に丁寧に報告してH・R討議を重ね、みんなの力で攻撃をはね返した。

＊『深西民主教育を守り育てる会通信』第九号、一九六七年七月一五日。

## 2　創立三〇周年記念事業

### (1) 三〇周年記念事業

一九六八年九月七日、深川西高は創立三〇周年の記念式典を催した。式典は九月五日から九日までの学校祭の一日を充てた。学校祭の中で行われるから生徒会の参加は当然のことと思われたが、それはなく、学校側だけで内容が決められた。

『深川西高新聞』(第七五号、一九六八年七月二四日)に「三十周年の事業内容　教頭先生にきく」という記事が掲載された。教頭のKが事業内容は、「①三十周年記念誌作成、②校歌作成―PTA、同窓会、学校側が中心、③記念文庫・図書購入―主に理科系統」の三つで、生徒の参加は「生徒の意見は先生を通じてとりいれる。また、式典には祝辞を生徒代表に読んでもらったり、図書購入ではクラスの代表である図書委員の意見を聞く、その他の記念事業として楽団や学生ホールをつくる意見などがでたが、二十周年の時図書館をつくった。まだここの図書館は、普通高校としては少ない方で、三十周年では中身の充実という事で記念文庫や図書を購入する」と語っているが、生徒の参加についてはほとんど考えられていない。儀式として形式的に行おうという姿勢である。新聞会も校長や教頭が勝手にやっていることと思ってか、大きな関心を示していない。ところが、この式典の二日前に「君が代」斉唱が式次第に入れられて問題になり、職員会議や生徒の反対で「君が代」斉唱は取りやめになった。

### （2）『三〇周年記念誌』

『深川西高等学校創立三〇周年記念誌』は三〇周年記念事業の一つとして、一九六八年九月五日の式典に間に合うように編集、刊行された。この記念誌の編集の中心を担ったのは「新人会」の一人であるUだった。編集後記に「創立三〇周年記念協賛会」役員のI（同窓会副会長）が「難しい記念誌の編集を殆ど一人でやってのけたU君に先ず感謝したい」と書いているから、Uが編集の中心を担っていたのは間違いない。しかし、この『三〇周年記念誌』は深川西高の歴史を正確には反映していない。Uは編集後記で「ここ十年間の歴史を重点的にあつかいたいと云う方針ですすんだ」というが、その形跡は見あたらない。むしろ「ここ十年」の歴史をあつかうよりも、それを抹消したいという意志が働いているように思える。

深川西高のこの一〇年間（一九五八年から一九六八年）は、「あゆみ会事件」（一九五四年）を乗り越えて、深川西高の「自由の学園」と民主教育が花開き、大きく発展してきた時期であり、その教育実践は全国からも高く評価されていた。V章で紹介したが、朝日新聞は一九六二年一一月七日付で「『自由の学園』誇る高校生　注目される深川西高　生徒自身で暴力追放事件処理に全員が討議」と見出しをつけて、深川西高の生徒たちを絶賛した。一九六三年、制帽の自由化を実現し、一九六四年には新たに役員学習会、全校討論集会を開催して生徒会の自治を固めて「自由の学園」づくりへ生徒と教師が一体となって進んでいた。しかし、一九六五年三月には開校以来二七年間にわたって深川西高の民主教育に貢献してきた岡部教頭が突然に上磯高校へ転出させられ、四月に三浦が校長として着任した。そして、一九六六年三月道教委の「広域人事異動五ヵ年計画」を三浦が利用して六人もの教師を一度に深川西高から転出させる「不当強制配転」を強行した。入れ替わりに三浦の親衛隊となる六人の「新人会」が着任して、深川西高の民主教育への攻撃が始まった。生徒と教師はその攻撃とのたたかいにやむなく立ち上がらざるを得なかった時期であった。

Uが言う「ここ十年間の歴史」とは、これらのことがその内容でなければならない。深川西高の民主教育が発展し着実に進められてきたが、それが道教委の意向で破壊されることになる事実こそがこの時代の歴史として記録されて残されることが『三〇周年記念誌』の任務であった。

しかし、これらについては一切記録されていない。このことについてUは「ここ十年間の卒業生の集まりが悪く、座談会記事にならなかったのが残念である。又、生徒会関係の記事も集まりが悪く、その点淋しい気がする」と編集後記で言い訳しているが、この時、彼は着任してまだ二年半しかたっていない。卒業生のことはほとんど知らず、座談会をしようにも誰も集めることが出来なかったのではないか。いや、卒業生を集めての座談会など最初からする気はなかったとも考えられる。また、生徒会関係の記事も集まりが悪かったと言っているが、生徒会の活動に難癖をつけてその活動を妨害しようとしている教師に、生徒が協力するはずがない。Uが本当に「ここ十年間」の歴史を記録したいと考えていたならば、長い間深川西高にいて、深川西高の民主教育をつくり上げてきた教師と生徒の代表に協力を仰いで編集委員会に入ってもらうべきであった。それをしなかった『三〇周年記念誌』は、はじめからある意図をもって編集することが決められていたのではないかと懐疑的にならざるを得ない。

それを裏付けるものとして、歴代学校長の寄稿に見ることができる。寄稿文が掲載されている学校長は、初代（古野）、二代（松本）、三代（村松）ときて、四代（三島）、五代（T）が抜かされて六代（熊谷）、七代（坂井）、一〇代（三浦）と続く。五代校長のTは「あゆみ会事件」を画策して深川西高の教職員、生徒、父兄、地域から批判されて深川西高を退職した人であるから、この人の寄稿がないのは理解できる。『二〇周年記念誌』にも彼は編集者の寄稿要請に応じていない。私たちが不思議に思うのは、深川西高の「自由の学園」と民主教育の確立に大きな影響を及ぼしたと評価されていた第四代校長の三島孚滋雄の寄稿文が掲載されていないことである。初代から六代までの校長は『二〇周年記念誌』に寄稿文が掲載されていて、『三〇周年記念誌』にも掲載されているのだから、三島の寄稿文もその人たちと同じように当然掲載されていなければならない。このことを編集担当のUはどう説明するのであろうか。

また、八代校長（一九六二年五月一日〜一九六四年三月三一日）の岡睦樹の寄稿もない。岡は深川西高「自由の学園」が最も輝いていた時期に在職し、教師、生徒から絶大の信頼を得ていた校長であった。この人の寄稿もないが、要請をしなかったのであろうか。そしてまた、深川西高が北空知中学校として創立以来、二七年間にわたって在職し、教師や生徒だけでなく地域にも大きな影響力を及ぼした岡部教頭にも一切触れていない。岡部教頭にこそ、寄稿文を求めるべきであった。

こうして見ると、彼らは深川西高「自由の学園」の構築に貢献し、生徒や教師、地域から信頼されていた学校長、教頭を深川西高の歴史から消し去ろうとしたのではないだろうか。『三〇周年記念誌』は深川西高の歴史を正確に記録したものではなかった。

## 3　深川西高の現在

一九六七年以降、私たちが卒業して後も、道教委の深川西高「自由の学園」と民主教育破壊の攻撃は止まなかった。自由と民主教育を生徒と共につくり上げてきた教師も転出を余儀なくされて深川西高を去らなければならなかった。

その時代を経て、いま、高校教育は、国家の経済成長戦略や産業政策に組み込まれてそこで求められている人づくり政策の一環に位置づけられている。道教委どころか、日本の権力機構によって方向づけられて、高校、大学が同時に「改革」されるところまで来てしまった。

それでも深川西高の生徒たちは、生徒会活動を通して深川西高の自由と民主主義の伝統を学び、学校祭、行灯行列、コーラス大会は今も継続している。コーラス大会は会場を学外の市民ホールに移して、地域の方々も参加できるように発展させた。新型コロナウィルスの感染によって二〇二〇年は中止せざるを得なかったが、二〇二一年と二〇二二年は生徒だけの参加で開催し、二〇二三年は保護者の観覧が可能になって開催された。この大会で三年一組が全校で一位になり、最優秀指揮者賞に輝いた萩尾百々華さんは「男子はにぎやかで、女子はパワフル。いつも楽しいから〔クラスが〕一つになれた」(『北海道新聞』二〇二三年五月一八日付朝刊)と語っている。

学校祭については「〔二〇二二年〕七月九日〜一一日、『奏でろ、我らの青春〜距離は遠く、心は近く〜』をテーマに第七三回学校祭が行われました。今年もコロナ感染症拡大予防のため、一般公開せずに実施しましたが、三年ぶりに街頭に出ての行灯行進を実施し、アピール、縁日、展示、有志発表、そしてサプライズの花火とほぼコロナ前の内容で実施することができました。三年生にとっては、フルスペックで行われる初の学校祭であり、さらに高校生活最後の学校祭となりましたが、深西の伝統を引き継ぎ、次世代に残せる形をしっかり創ってくれました」（深川西高等学校ホームページ『学校だより　学校通信』第一六号、二〇二二年七月二一日）と伝えている。コロナ禍で困難を強いられていたが、そのなかにあっても行灯行列を挙行して地域の人たちにアピールしている姿があった。

私たちが半世紀以上も前に求めていた生徒、教師、地域一体の高校をめざす思いは引き継がれ、更に発展していた。高校は地域と密着して地域の中で育てられる。深川西高は昔も今も、それをめざし続けている。

# あとがき

『北海道深川西高校「あゆみ会事件」真実と平和な世界を求めて』（二〇一四年九月、文理閣）の「あとがき」で、「深川西高『自由の学園』を記録する会」（以下、「記録する会」と略す）の発足と本を刊行するまでの経緯について詳細に記述した。深川西高の教育を記録する計画が本格的に持ち上がったのは、一九九〇年代の初めからで、深川西高の卒業生で、当時、大学に籍を置いていた林宥一（一九六六年卒）、神田健策（六七年卒）、櫻田（六七年卒）、小野寺正巳（六九年卒）が相談して資料収集を始めた。しかし、その頃はそれぞれの研究や教育が多忙なうえ、お互いが遠方に住んでいたこともあって、作業はなかなか進展しなかった。そして、一九九九年の夏、この計画の中心であった林さんが北海道を自転車で旅行中に急逝されて、計画は一時頓挫しかけた。それでも、卒業生や教師には「深川西高の教育実践を記録に留めようとする熱意は持続され」（同上書）て、二〇〇四年一一月、深川市にて「あゆみ会事件」の五〇周年を記念して「教育講演会」が開催されたが、ここには予想を上回る七〇人余の市民、卒業生が参加し、あらためて「あゆみ会事件」を含めた深川西高の学園自治と民主教育の実相をまとめ、記録することが確認された。新たに卒業生、教師をメンバーに「記録する会」が結成され、二〇一四年に「あゆみ会事件」を中心とした深川西高の教育について記録した前書を刊行し、その続編になる本書を、「記録する会」が中心になって刊行することになった。

しかし、「記録する会」のメンバーで前書の著者の森谷長能先生（二〇一九年二月死去）、本書刊行の中心を担っていた神田健策さん（二〇二〇年四月死去）、「記録する会」の相談役で重鎮だった金倉義慧先生（二〇二〇年一一月死去）が相次いで亡くなられた。特に、神田さんは深川西高の膨大な資料を収集・整理し執筆の分担を受諾して、その準備の最中に突然に逝ってしまった。彼は弘前大学を退職後、残された人生の時間でやり遂げるべきいくつかの仕事を整理して、自らに課していた。そのうちのひとつに「深川西高の教育」についてまとめる仕事があった。その彼の遺志を継いで原稿を書きすすめたが、彼が考えていた「深川西高の教育」にどれだけ近づけて反映することができたかはわからない。

教師のメンバーは森谷、金倉先生が亡くなって、田中芳雄先生一人に多大な負担を負わせることになってしまったが、田中先生とともに深川西高の教育を支え、私たち生徒を励まして下さった新西良子先生に支援をいただいた。先生には「記録する会」の会合の場としてご自宅を提供していただき、先生が深川西高に在職されていた頃の貴重な経験をお聞きすることができた。先生は今も、近所に住んでいる深川西高の卒業生や地域の方と『源氏物語』の読書会を続けられている。高校の教師時代と変わらぬ古典文学への情熱を持ち続けている。

また、一九六七年卒業の竹内修一さんは神田さん、私と同期で卒業以降も交流が続いていたが、二人の「伴走者」として、この本の刊行を励まし、原稿の批判もしてくれた。彼の長きにわたる叱咤激励がなければ、この本は日の目を見ることはなかったであろう。そして、堀幸光さん。彼も私と同期で、卒業式答辞のたたかいをリードした人であるが、当時のことを詳細に記憶していてそれらを語ってくれると同時に、当時の関係者に直接連絡をして話を聞き出してくれた。その熱意と行動力は高校生の時のままであった。二人に感謝したい。

深川西高「あゆみ会事件」で犠牲となられた森田科二《さだじ》さんの弟の森田敏春さんに感謝したい。敏春さんは深川西高の卒業生ではないが、科二さんを偲ぶ碑前祭にはご夫婦で毎回出席されて、深川西高の教育を語る私たちの話にいつも耳を傾けてくれた。知的探求心が旺盛で様々な分野に造詣が深く、自ら得た知識をいつも私たちに教示して刺激してくれた。敏春さんとお会いすることで良い時間を過ごすことができたが、これも深川西高の教育があったからなのだと思う。

私がこの本の「たたき台」になる草稿を書き上げてから「記録する会」で検討することにしていたが、ちょうどその時期に新型コロナ感染が起こった。そのために私が作成した草稿を「記録する会」のメンバーが一堂に会して議論し、検討することは不可能になった。それでも、メンバーからは「たたき台」への意見や提案をEメールや手紙でたくさん頂いた。田中芳雄先生、殿平善彦さん、竹内さん、高田正基さんからは、記述内容や表現への厳しい指摘を含む多くのコメントが寄せられた。私はそれらを参考にして「たたき台」に修正を加えて草稿を作成したが、この草稿は、新型コロナ感染の拡大と私の事情もあって「記録する会」のメンバーが集まって、対面で討議、検討することができなかった。

私には、この機を逸したら二度と再び「深川西高の教育と歴史」は語られることはなくなるだろうとの思いが強く、この機会にどうしても刊行に漕ぎつけたかった。私の「たたき台」草稿を「記録する会」のものにするには全体の合意が必要であったが、それを得るには一度や二度の会合では不可能で、メンバー間の認識の溝を埋める時間は残されていなかった。前書が刊行された後に、本書の刊行に着手してから一〇年がたち、「たたき台」草稿ができてから四年が経過した。その間、関係する方々が次々に逝かれ、私の体力も急速に衰えてきた。

もうこれ以上の時間を要することはできないと考え、一日も早い刊行を望んだ私は、みなさんの意見も踏まえて私の単著としてこの本を刊行することを決断した。

これまで様々な助言をしてくれた「記録する会」のメンバー、田中芳雄先生、北名照美さん（一九六二年卒）、殿平善彦さん（六四年卒）、星野孟さん（六四年卒）、小野寺正己さん（六九年卒）、高田正基さん（七三年卒）に深く感謝する。

今、ひとつ断っておきたいのは、現在の深川西高についてここでは取り上げなかった。深川西高の創設時から説き起こしたのだから、本来なら現在についても書き進めなければならなかったのであろうが、私が外から見た勝手な思いで今の深川西高に評価を下すことはできなかった。私は、自分たちが実際に経験したこと、『深川西高新聞』やクラス日誌、サークル日誌などに残された記事や記録、感想、思いを根拠に事実のみを書き記すことにして、卒業後については記録しないことにした。私たちが卒業後の深川西高についてはその時々の生徒、教師の手によって記録されることを期待したい。

先日、北海道の空知管内の中学校の先生と話をする機会があった。中学校の生徒たちの教育や生活が困難を極めていることは想像されたので、その大変さを問おうとしたが、その先生は、「授業をしていると、中学生の方がおとなよりもずっと自由で、まっとうな感覚をもっていることを感じます。閉塞感漂う世の中ですが、生徒の新鮮な意識に日々触れていると未来の社会に希望を持つことができます。勝ち組とか負け組などという括りで語らない、民主主義と連帯の力で自分たちの社会をつくろうとする主権者を育てるのが教師の責任で、その責任は重いですね」と、生徒たちへの信頼と教育の力、教師の責任を端的に語ってくれた。この先生の言葉で語られた教育は、深川西高の教育そのものであった。深川西高の教育は特別なものではなく、教育の原点だったことに気づかされた。この本が教育の原点を考え、教育を語り合う素材として、とりわけ次代を担う若い人たちと教育現場で子どもたちと悪戦苦闘されている教師のみなさんに広く読まれることを切に望みたい。

そして、改めてこの本の刊行に関わって、ご尽力いただいたすべての方々にお礼を申し上げる。また、出版事情が困難な中、前書に引き続いて本書の出版を引き受けてくれた文理閣に感謝の意を表したい。

本書を森谷長能先生、金倉義慧先生、神田健策さんのご霊前に捧げる。

二〇二四年二月

櫻田　忠衛

著者紹介

櫻田忠衛（さくらだ ただえ）

1948年　北海道留辺蘂町温根湯（現北見市）生まれ
1967年　北海道深川西高等学校卒業
1972年　立命館大学卒業
1972年　京都大学経済学部助手
2001年　京都大学大学院経済学研究科講師（経済統計資料調査論担当）
2011年　京都大学大学院経済学研究科退職
著書
『昔、聚楽座があった―映画館でみた映画―』かもがわ出版、2010年。『経済資料調査論の構築―京都大学経済学部での試み―』文理閣、2011年。『北海道深川西高校「あゆみ会事件」―真実と平和な世界を求めて―』文理閣、2014年（共編者）。

高校生たちの「自由の学園」
―北海道深川西高校の自由・自治・民主主義・仲間

2024年4月20日　第1刷発行

著　者　　櫻田忠衛

発行者　　黒川美富子

発行所　　図書出版　文理閣
京都市下京区七条河原町西南角　〒600-8146
TEL（075）351-7553　FAX（075）351-7560
http://www.bunrikaku.com

印刷所　　モリモト印刷株式会社

ISBN978-4-89259-954-5